Jan Ullrich

W0094240

ECON Sachbuch

Von Peter Grunert sind im ECON Taschenbuch Verlag außerdem lieferbar:
Heinz-Harald Frentzen (TB 26411-7)
Die Schumachers (TB 26408-7)
Ferrari und die Formel 1 (TB 26352-8)
Das Formel 1-Lexikon (TB 26353-8)

Zum Buch:
Mit 9:09 Minuten Vorsprung im Gesamtklassement vor dem zweiten, dem Franzosen Richard Virenque, gelang ihm einer der klarsten Siege in der Geschichte der Tour de France. Und nicht nur deswegen redet inzwischen alle Welt von dem 23jährigen aus Merdingen: Als erster Deutscher trug Jan Ullrich sich in die Siegerliste der bedeutendsten Radrundfahrt der Welt ein. Und er ist auch von einem erfolgreichen Team umgeben. Neben dem Gelben Trikot für den Toursieg, ging auch der Titel des »besten Nachwuchsfahrers« an Ullrich und das Grüne Trikot an Erik Zabel als besten Sprinter, außerdem belegte das Team Deutsche Telekom in der Gesamtwertung den ersten Platz.
Die Prophezeiungen der Tour-Größen Bernard Hinault, Eddy Merckx und Miguel Indurain scheinen demnach auch alles andere als übertrieben, wenn Sie alle einstimmig sagen: »Jan Ullrich kann die Tour öfter gewinnen als ich.«

Zum Autor:
Peter Grunert hat sich bereits mit zahlreichen Sachbüchern über Sportgrößen einen Namen gemacht.

Peter Grunert

Jan Ullrich

Der neue Star der Tour de France

ECON Taschenbuch Verlag

Veröffentlicht im ECON Taschenbuch Verlag

Der ECON Taschenbuch Verlag
ist ein Unternehmen der ECON & List Verlagsgesellschaft

Originalausgabe

© 1997 by ECON Verlag GmbH, Düsseldorf und München
Dieses Buch entstand durch Vermittlung der Script Medien Agentur,
82031 Grünwald
Umschlaggestaltung: Wiedemeier & Martinpublishing services, Düsseldorf
Titelabbildung: Bongarts Sportfotografie, Hamburg: sowie
alle Fotos im Innenteil
Lektorat: Michael Lenzen
Gesetzt aus der Bembo und Frutiger, Linotype
Satz: Josefine Urban – KompetenzCenter, Düsseldorf
Druck und Bindearbeiten: Ebner Ulm
Printed in Germany
ISBN 3–612–26475–3

Inhaltsverzeichnis

Vorwort

Was sich da im Sommer 1997 ereignete, gehörte laut »Nordsee-Zeitung« zu den »kostbarsten Tagen des deutschen Sports« und bewegte drei Wochen mehr Menschen in unserem Land als jedes andere Sportereignis, den Großen Preis der Formel 1 auf dem Hockenheimring eingeschlossen. Ein junger Mann, den am 4. Juli nur die Radsportfans in unserem Land kannten, erreichte in nur 22 Tagen einen Bekanntheitsgrad von 96 Prozent! Das ist auch im Sportbereich eine Leistung, wie man sie in Deutschland in diesem Jahrhundert nur selten erlebt hat. Zu vergleichen etwa mit dem Weltmeistertitel des heute 92jährigen Max Schmeling im Schwergewicht, den er sich am 12. Juni 1930 im amerikanischen Madison Square Garden gegen Jack Sharkey erboxte.

Es gab noch einige andere deutsche Sportler, die zu Idolen wurden und deren Namen über Jahre hinweg mit besonderen Leistungen verbunden wurden. Da lief Leichtathlet Rudolf Harbig am 15. Juli 1939 in Mailand die 800 Meter in 1:46,6 Minuten, ein Weltrekord, der sechzehn Jahre hielt. Harbig fiel 1944 während des Zweiten Weltkrieges in den Weiten Rußlands.

Oder Hans Günter Winkler, dessen Name unverrückbar mit seinem Wunderpferd Halla verbunden war. Am 16. Juni 1956 erkämpfte sich das Gespann den Olympiasieg beim »Preis der Nationen«, und es sollten noch zahlreiche weitere Springreiter-Erfolge hinzukommen.

Am 21. Juni 1960 war es Armin Hary, der sich in Zürich den Titel »Schnellster Mann der Welt« ersprintete, als er erstmals die 100 Meter in zehn Sekunden lief. »So schnell wie Hary« war jahrzehntelang ein geflügeltes Wort in unserem Land.

Im Jahr 1984 ging in Sarajevo der Stern einer jungen Dame auf, deren Erfolge zahllose Kinder sowohl in der damaligen DDR als auch in der BRD auf das Eis trieben: Katharina Witt wurde am 18. Februar des Jahres Olympiasiegerin im Eiskunstlauf. Am 27. Februar 1988 konnte sie in Calgary ihr zweites Olympiagold holen, und noch heute kann sie ganz ohne Eiskunstlauf nicht leben.

Tennis war in Deutschland bis zum 7. Juli 1988 nur ein Sport für wenige Priviligierte. Dann kam Boris Becker und löste einen Boom in unserem Land aus, der mit dem des Jahres 1997 zu vergleichen ist. Der damals 17jährige »Lausbub aus Leimen« hatte als erster Deutscher das Turnier in Wimbledon gewonnen; dabei war er auch noch der bis dahin jüngste Sieger und hatte diese Leistung als erster nicht gesetzter Spieler vollbracht. Zahllose Tennisanlagen schossen in den kommenden Jahren in unserem Land aus dem Boden, und bald verbrachten Millionen Menschen Tage und Nächte vor den Fernsehgeräten, um ihr Idol bei den Grand-Slam-Turnieren auf der gesamten Welt sehen zu können. Die Anmeldungen in den Tennisclubs schossen noch einmal sprunghaft in die Höhe, als die junge Brühlerin Steffi Graf die Weltbühne betrat. Mit sieben Siegen in Wimbledon, dem Grand Slam im Oktober 1988 und dem olympischen Gold in Seoul wurde sie die erfolgreichste Tennisspielerin aller Zeiten.

Bereits im Jahr 1993 erlebte der deutsche Motorsport einen sprunghaften Zuschaueranstieg. Mit Michael Schumacher betrat ein junger Mann die Formel-1-Bühne, der erstmals seit Graf Berghe von Trips, dem besten deutschen Fahrer der 60er Jahre, wieder vorne mitfahren und um Siege kämpfen konnte. Als »Schumi«, wie ihn seine Fans bald liebevoll nannten, dann am 13. November 1994 als erster Deutscher mit einem winzigen Pünktchen Vorsprung die Krone des Motorsports, den Weltmeistertitel, erringen konnte, war der Jubel unbeschreiblich, und es spielten sich Szenen ab, die denen bei der Rückkehr der deutschen Toursieger am 28. Juli 1997 in Bonn glichen. In den Jahren danach schossen die Go-Kart-Bahnen in unserem Land wie Pilze aus dem Boden.

Ebenfalls 1993 trat eine andere Sportart in das deutsche Publikumsinteresse, die bis dahin meist das Image eines »Schmuddelsports« hatte und seit Jahrzehnten eher mit dem Rotlichtmilieu denn mit dem hohen Stellenwert des Spitzensports in Verbindung gebracht wurde: Henry Maske, den sie den »Gentleman« nennen, erboxte sich am 20. März des Jahres seinen ersten Weltmeistertitel im Profiboxsport. In einem überragenden Punktsieg entthronte er den amtierenden Weltmeister im Halbschwergewicht, Charles Williams aus den USA. Bis zu seinem Rücktritt am 12. Oktober 1996 in München, den er bereits vor seiner einzigen Niederlage als Profi gegen Virgil Hill bekanntgegeben hatte, war er in elf Titelkämpfen im Halbschwergewicht erfolgreich und löste einen Boxboom aus wie Max Schmeling rund sechzig Jahre zuvor.

Es sind stets besondere Leistungen, die mit einzelnen Personen verbunden sind, welche die Menschen faszinieren. Sie identifizieren sich mit dem jeweiligen Star, lieben ihn oder wollen ihm nacheifern. Haben sie ein für sportliche Leistungen bereits zu hohes Alter, so werden die geheimen Wünsche oft auf die Kinder übertragen, die dann die jeweilige Sportart möglichst rasch erlernen müssen. Die Industrie nimmt diese Entwicklung dankbar an, die Werbung tut ein übriges, und der neue Sport-Boom ist geboren.

Dank des überreichlichen Fernsehangebotes unserer modernen Zeit können heute wesentlich mehr Menschen als noch vor drei oder vier Jahrzehnten direkt an den Wettkämpfen optisch teilnehmen, mit ihren Idolen leiden und siegen, und das erhöht die Faszination des Sportes um ein Vielfaches.

Auch ich habe mich während der Arbeit an diesem Buch der Faszination des Jan Ullrich und seines Kampfes mit der Telekom-Mannschaft um die Tour-Krone nicht entziehen können und hoffe, die bewegenden Momente dem Leser so nahe bringen zu können, wie ich sie selber empfunden habe.

Der Autor

Kurzporträt Jan Ullrich

Geburtsdatum:	2. Dezember 1973
Ort:	Rostock
Wohnort:	Merdingen, Deutschland
Eltern:	Mutter Marianne
	Der Vater verließ die Familie vor vielen Jahren
Familienstand:	ledig
Freundin:	Gaby Weis
Spitzname:	Ulla
Eigenschaften:	zurückhaltend, zuvorkommend, bescheiden, fröhlich
Hobby:	Tennis (spielt er im Winter)
Traum:	Fallschirmspringen
Auto:	Opel Calibra 2.0i
Lieblingsmusiker:	Herbert Grönemeyer
Lieblingsessen:	Kartoffelpuffer
Größe:	1,83 m
Gewicht:	73 kg
Unterschenkellänge:	52 cm
Oberschenkellänge:	48 cm (effiziente Kraftübertragung)
Lungenvolumen:	6,04 l
Ruhepuls:	32 Schläge/min
Profil:	Exzellenter Zeitfahrer, sehr starker Kletterer
Autogrammadresse:	c/o Team deutsche Telekom
	Königstr. 97
	D–53115 Bonn
	Tel: 02 28–22 10 36,
	Fax: 02 28–22 10 37

Was andere während der Tour de France 1997 über ihn sagten oder schrieben:

»Jan Ullrich kann der erfolgreichste Radrennfahrer des Jahrhunderts werden . . .«
(Eddy Merckx, fünffacher Tour-de-France-Sieger)

»In Andorra wurde eine neue Epoche des Radsports eingeläutet, die Epoche des Jan Ullrich . . .«
(Rudi Altig, deutsches Radsportidol der 60er Jahre)

»Jan ist der Wahnsinn, ein Radrennfahrer wie von einem anderen Stern . . .«
(Didi Thurau, deutscher Tourheld von 1977)

»Ullrich, der neue Gott des Planeten Radsport.«
(L'Equipe, Frankreich)

»Einsamer Held von einem anderen Planeten.«
(Le Figaro, Frankeich)

»Gigant Ullrich. Er fährt sie alle platt.«
(Bild-Zeitung, Deutschland)

»Tour de Ullrich. Die anderen Teams sind nur dabei, damit Telekom nicht so alleine ist.«
(El Mundo, Spanien)

»Jan Ullrich Champion des Jahres 2000.«
(Le Parisien, Frankreich)

»Der neue König Ullrich hat eine lange Herrschaft vor sich.«
(Daily Telegraph, Großbritannien)

»Ullrich führt den Triumph der Jugend vor.«
(The Guardian, Großbritannien)

»Paris grüßt den neuen Sultan des Sattels.«
(Daily Mail, Großbritannien)

»Deutscher Traumprinz. Auf den Champs-Élysées lag ihm die Radwelt zu Füßen.«
(Algemeen Dagblatt, Holland)

Der Mann im Gelben Trikot

Es sah nach einer Groß-Demo der Telekom aus, als Tausende am Morgen des 28. Juli 1997 in die Bonner Innenstadt zogen. Überall sah man die magentafarbenen Kappen der deutschen Telefongesellschaft. Es war auch eine echte Demonstration, doch hatte sie diesmal keinen politischen Grund, sondern einen sporthistorischen: Jan Ullrich, der 23jährige Rostocker, hatte als erster Deutscher in der nunmehr rund 95jährigen Geschichte der Tour de France das Gelbe Trikot des Gesamtsiegers errungen und so nicht nur Sportgeschichte geschrieben, sondern auch einen Boom in unserem Land ausgelöst, den es im Bereich des Radsports in dieser Form noch nicht gegeben hat.

Zu Zehntausenden waren die Fans aus ganz Deutschland in die Noch-Hauptstadt geeilt, um einen Blick auf ihre Heroen zu erhaschen, und die meisten trugen die Kappen des Siegerteams mit den Farben der Telekom. Nur mit Mühe konnten die sichtlich abgekämpften Helden, die mit Cabrios zum Rathaus gefahren wurden, das man an diesem Tag einfach in »Radhaus« umgetauft hatte, sich ihren Weg durch die Menschenmassen bahnen. Das Gekreische verzückter Teenager und der laute Jubel der erwachsenen Fans wollte nicht enden. Die Fahrer um Ullrich und Riis erlebten alles wie in einem Film.

»Einer für Alle, Alle für Einen. Danke für die Tour« jubelte die Telekom am selben Tag in ganzseitigen Zeitungsannoncen, und die BILD-Zeitung druckte in maximaler Buchstabengröße auf die Titelseite: *»Sonnenkönig Ullrich«.* Daneben nahm sich an diesem Montag der Artikel über Schumis zweiten Platz beim Großen Preis der Formel 1 in Hockenheim wie die Briefmarke auf einem A4-Umschlag aus. Dies drückte den Stellenwert des 23jährigen

mit dem sommersprossigen Lausbubengesicht in jenen Julitagen nach seinem »Jahrhundert-Triumph« überdeutlich aus. Radsport ist plötzlich in!

Als die Mannschaft sich ihren Weg zum Rathaus gebahnt hatte, noch bevor die obligatorischen Eintragungen ins Goldene Buch der Stadt anstanden, kam es auf dem Balkon des Rathauses zu einem weiteren bewegenden Ereignis: Bjarne Riis, dänischer Vorjahressieger und Noch-Kapitän der Telekom-Mannschaft, ergriff bei einem Interview, für alle überraschend, das Wort. In gutem, leicht dänisch gefärbtem Deutsch sagte er: »*Ich möchte jetzt die letzte Siegerehrung der Tour de France machen, und da möchte ich gern Jan und Erik bei mir haben.*« Als die beiden neben ihm standen, kam ein spitzbübisches Lächeln in sein Gesicht: »*Ich bin zwar nicht das schönste Premier-Mädchen, aber . . .*«, grinste er, legte das Mikrofon aus der Hand und holte ein Gelbes Trikot hervor, das er dem völlig verdutzten Jan überstreifte, während eine Band das Lied »We are the champions« intonierte. Jan Ullrich lachte dabei überglücklich und ausgelassen wie seit Wochen nicht mehr. Diese Geste zeugte nicht nur von der menschlichen Größe des Bjarne Riis, sondern war auch symbolhaft für den problemlosen Wechsel der Spitzenfahrer im Team Deutsche Telekom.

Auf die Frage eines TV-Moderators direkt nach der Trikotüberreichung: »*Wie haben Sie das jetzt empfunden?*« antwortete Ullrich sichtlich bewegt: »*Ja, das ist alles jetzt fast schon zuviel . . . ich habe so etwas in meinen dreiundzwanzig Jahren, in denen ich jetzt auf der Welt bin, noch nicht erlebt . . . und Bjarne, so ein großer Champion . . . der überreicht mir jetzt das Gelbe Trikot, zieht mir das Gelbe Trikot über . . . und das ist . . . also . . . was Schöneres gibt's nicht . . .*«

Jan Ullrich wirkte an diesem Morgen in Bonn, achtzehn Stunden nach der Zieldurchfahrt von Paris, schon wesentlich entspannter. Sicherlich lag es mit daran, daß er im Gegensatz zu den vergangenen Tagen frisch rasiert und von dem Druck, siegen zu müssen, befreit war, doch der neue Streß, den nun die Medien und alle möglichen Prominenten auf ihn auszuüben begannen, mußte auch erst verarbeitet werden.

Am Vortag um 17.40 Uhr hatte er noch erleichtert aufgeatmet: *»Ich bin durch und habe die Tour de France gewonnen ... ich empfinde eine unglaubliche Freude, hatte bis zum letzten Meter Angst, daß ich stürzen oder sonst was passieren könnte«.* Nun, einen Tag später, hatte ihn der berauschende Empfang auf deutschem Boden gefangen und emotionell sehr bewegt, doch bei aller Freude über den Jubel um ihn und seinen Sieg vergaß er nie die Menschen, die diesen triumphalen Erfolg erst möglich machten: das Team Deutsche Telekom.

Ohne Teamkapitän Bjarne Riis aus Dänemark, der ab der zehnten Etappe in den Pyrenäen alle eigenen Ambitionen zurückstellte und nur noch für Jan fuhr, ohne den Sprintkönig und dreifachen Etappensieger Erik Zabel, ohne Rolf Aldag, Udo Bölts, Christian Henn, Jens Heppner, den Italiener Giovanni Lombardi und Georg Totschnig aus Österreich wäre dieser Erfolg niemals möglich gewesen.

Ebenso wichtig wie die Fahrer sind aber auch die Männer im Hintergrund. Teamchef Walter Godefroot etwa, der auf der zehnten Etappe, beim schweren Anstieg in den Pyrenäen, Jan Ullrich »von der Leine« ließ, die bis dahin nur Unterstützung für Kapitän Riis hieß. Dicht war er mit dem Materialwagen neben Jan gefahren und hatte ihm zugerufen: *»Dreh dich nicht mehr um und fahr!«* Aber auch der zweite sportliche Leiter, Rudy Pevenage, der als rechte Hand des Chefs und »Mädchen für alles« stets zur Stelle war, wenn es Probleme gab, oder Masseur Dieter Ruthenberg, den sie »Eule« nennen, John Boel, der Akupunkteur, die Teamärzte und die anderen Helfer und Mechaniker: Sie alle zusammen bildeten das erfolgreichste Team der Tour.

Ihnen allen hatte Jan jeden Abend im Hotel gedankt, und er vergaß sie auch nicht, als sich die Medienschaffenden aus aller Welt nur noch auf ihn stürzten. Daß er zugunsten seiner Kameraden auf seinen Anteil aus dem mannschaftsinternen Prämientopf verzichtete, sei hier nur erwähnt, um zu verdeutlichen, wie wenig dem sympathischen jungen Mann materielle Dinge bedeuten. Ihm geht es alleine um den Sieg, um den Erfolg im sportlichen

Wettbewerb, und das macht ihn nur noch menschlicher, als er ohnehin schon ist.

Doch wer ist der Mensch hinter dem Sportler? Wo kommt er eigentlich her? Das waren Fragen, die im Verlauf der drei Tourwochen immer mehr Menschen interessierten.

Rostock – Berlin – Hamburg – Merdingen

»Der Merdinger Jan Ullrich hat das Gelbe Trikot erkämpft.«
»Jan Ullrich aus Rostock ist neuer Träger des Gelben Trikots.«
»Ganz Hamburg ist stolz auf die Leistung unseres Jan Ullrich.«

Was stimmt denn nun eigentlich? Ist Jan Ullrich ein Rostocker, ein Merdinger oder gar ein Papendorfer, ein Berliner, oder kommt er aus Hamburg? Alle diese Städte und Gemeinden erheben einen kleinen Anspruch auf den neuen deutschen Tourhelden.

Rostock ist die Geburtsstadt des Jan Ullrich. Dort erblickte er am 2. Dezember 1973 das Licht der Welt. Zu jenem Zeitpunkt gab es die DDR noch, und Rostock lag »drüben«, wie man in Westdeutschland wegen der Mauer gern etwas herablassend zu sagen pflegte. Von Rostock aus betrachtet lag natürlich der Westen »drüben«; das war in jener Zeit des geteilten Deutschland so.

Jan wuchs so auf wie die anderen Kinder im Ostteil unseres Landes auch. Kinderhort und Schule hießen die Bezugsstätten, in denen man bereits in jungen Jahren nach sportlichen Talenten Ausschau hielt. Anders als in Westdeutschland war die Jugendförderung in der DDR, wie in anderen sozialistischen Staaten auch, wesentlich besser organisiert, und man betrieb gezielte aktive Nachwuchsförderung.

Für eine kurze Zeit zog die Familie Ullrich nach Papendorf, kam aber wieder nach Rostock zurück. Als sich 1980 seine Eltern trennten, mußte die Mutter die Kinder alleine großziehen. Als sein Vater Werner Ullrich auszog, verlor Jan die für Heranwachsende so wichtige Bezugsperson. Seitdem hatte Jan nie wieder Kontakt zu seinem Vater, der heute mit seiner neuen Frau Adelheid und den Kindern Daniel (16), Mary (12) und Robert (8) in einem kleinen Reihenhaus in Bad Schwartau lebt. Jan blieb bei seiner Mutter und wuchs in den ersten Jahren in ihrem Umfeld auf. Da ihn Sport von klein auf interessierte, war es nicht weiter verwunderlich, daß er sich bald nach eigenen sportlichen Betätigungen umsah. Bei einem Cross-Lauf entdeckte ihn dann sein erster Trainer, Peter Sager. Da war Jan gerade neun Jahre alt.

»Schon damals war er ein überaus sportlicher Typ und überall einsetzbar«, erklärte Sager später und fügte an: *»Wenn ich damals Leichtathletiktrainer gewesen wäre, wär er heute vielleicht dort tätig, doch besser so . . .«*

Der Entdecker des sportlichen Talentes Jan Ullrich hat auch heute noch einen sehr guten Kontakt zu seinem früheren Schützling. So bekam er aus Paris ein Gelbes Trikot von Jan, um auch ein persönliches Andenken an diesen großen Erfolg zu besitzen.

Peter Sager traf sich dann einige Jahre später mit Peter Becker, der damals als Trainer beim SC Dynamo Berlin tätig war, einer der Sporthochburgen und die beste Ausbildungsstätte für den Nachwuchs der DDR. Natürlich versuchten alle Trainer, ihren besten Nachwuchs nach Berlin zu schicken, doch so einfach war das nicht. Talent mußte in einer äußerst bürokratisch aufgebauten Sportorganisation erst einmal gesichtet und dann auch wissenschaftlich und sportmedizinisch bestätigt werden. Das war nicht nur in der DDR so. 1987 kam der Dreizehnjährige dann alleine, ohne Mutter und Brüder, nach Berlin auf die Kinder- und Jugendsportschule, kurz KJS genannt. Sicher kein leichter Schritt für ein Kind. Mutter Marianne hatte zwar zugestimmt, doch manchmal, wenn sie alleine daheim saß, dachte sie daran, wie es ihrem Kleinen wohl im großen Berlin ergehen würde.

Dort gab es in jenen Jahren insgesamt vier Kinder- und Jugendsportschulen, die als harte Kaderschmieden für den zukünftigen Sportnachwuchs galten. Heute sind noch drei dieser Ausbildungsstätten übrig geblieben, die nach dem deutschen Umbruch 1991/92 weitergeführt werden. Es sind auch heute noch beliebte Bildungsstätten besonders Begabter. Olympiasiegerin im

Schwimmen Franziska van Almsick und Kunstturn-Olympiasieger Andreas Wecker besuchten die gleiche Ausbildungsstätte, an der Jan Ullrich seinen ersten Schliff erhielt.

Der wurde vor seinem Eintritt zuerst einmal gründlich untersucht, sportlichen und schulischen Tests unterzogen und letztendlich für gut genug befunden. Das ist auch heute noch so. Schon in jungen Jahren erkannten die Sportmediziner, daß er über einen idealen Körperbau für einen Radfahrer verfügte. Die Schenkel hatten bereits für seinen Körper die richtigen Maße, und die Hebelwirkung war nahezu ideal. So wurde Jan aufgenommen und kam unter die Fittiche von Peter Becker, einem etwas herben Mann mit einer schroffen, aber ehrlichen Herzlichkeit, dessen hervorstechendes Merkmal seine gute Menschenkenntnis ist. In ihm sieht Jan in der Folgezeit den Vater, den er seit der Trennung seiner Eltern nicht mehr hatte, und auch Becker fühlt sich zu dem sommersprossigen, rothaarigen Dreikäsehoch hingezogen. Auf die Frage, woran er das Talent des jungen Jan Ullrich erkannt hätte, erklärte Becker, daß es die Augen waren, die ihn fasziniert hatten. Er hatte etwas darin entdeckt, was weit »in die Ferne blickte« und irgendwo ein Ziel suchte. Außerdem erinnerte er sich daran, daß da ein Zug um die Mundwinkel war, der Willensstärke verriet. Um auf solche Art ein Talent zu erkennen, muß man selber über eine ganz speziell ausgeprägte Menschenkenntnis verfügen, das wird wohl kaum jemand bestreiten können.

Unter Beckers Anleitung durchlief Jan dann eine Lehrzeit, wie sie nur in sozialistischen Staaten üblich und speziell auf die Ausbildung von Spitzensportlern zugeschnitten war. Neben schulischer Ausbildung gehörte die sportliche zum täglichen Alltag. Entweder wurde an den entsprechenden Geräten »Kraft gebolzt« oder auf der Rolle gefahren. Dann ging es wieder hinaus ins Freie. Dort kam es auch auf Ausdauer und Durchhaltevermögen an. Auf der Straße wurden Strecken zurückgelegt, die heute für die meisten Normalbürger auf dem Rad nur illusorisch sind: 100 bis 120 Kilometer waren da keine Seltenheit an einem Nachmittag. Doch bei dem ganzen harten Training, so erklärte Trainer Becker, fiel auf, daß der Jan eigentlich nie müde wurde. Selbst wenn die Kameraden nicht mehr weiter konnten und absteigen mußten, konnte er noch relativ schmerzfrei fahren.

Das Radidol jener Jahre in der DDR war Olaf Ludwig, natürlich auch das erste große Vorbild für Jan Ullrich, der im Fernsehen anschauen konnte, wie sein Held 1988 in Seoul Olympiasieger wurde. Auch Gedanken an die Tour de France bewegten den Heranwachsenden bereits, doch damals war das für einen jungen Radsportler, vor allem in der DDR, noch ganz weit weg.

Dann fiel die Mauer. Ganz Deutschland lag sich in den Armen, und die DDR begann sich als Staat aufzulösen. Jan Ullrich war wie viele Sportler politisch uninteressiert. Er konzentrierte sich völlig auf den Sport. So trainierte er auch am Tag der Maueröffnung noch für die DDR-Meisterschaften.

1990 wurde er letzter offizieller DDR-Meister im Punktefahren und schrieb so, von den Westmedien noch relativ unbemerkt, ein erstes kleines Kapitel deutscher Radsportgeschichte.

1991, nachdem die DDR als Staat endgültig ad acta gelegt war, bekam Trainer Peter Becker ein Angebot aus Hamburg. In Berlin hatte man keinen Platz mehr für den Spitzentrainer und bot ihm eine ABM-Maßnahme zur Umschulung an, eigentlich ein Unding. So zögerte er nicht lange, als man ihm anbot, in Hamburg eine professionelle Mannschaft für die Rad-Bundesliga aufzubauen. Zusammen mit sieben seiner Schüler, darunter auch Jan Ullrich, ging Becker nach Hamburg zu Wolfgang Strohband, einem erfolgreichen Autohändler und großen Radsportmäzen. Im Stadtteil Hummelsbüttel gründeten die jungen Burschen eine Radsport-Wohngemeinschaft und fuhren in der RG-Hamburg. Auch im Westen behielt Becker seine ureigensten Trainingsmethoden bei und formte seine Schützlinge weiter, so wie er es gelernt und sich selbst erarbeitet hatte. Er blieb auch weiterhin der beste Vertraute von Jan und ist es auch heute noch.

Im August des Jahres 1993 schrieb Jan Ullrich dann sein zweites Kapitel im Sport-Geschichtsbuch: Er wurde in Oslo Weltmeister der Radamateure. Gleichzeitig mußte er im privaten Bereich einen herben Schlag hinnehmen: Sein geliebter Großvater starb zwei Tage vor den entscheidenden Rennen. Jan wurde erst davon unterrichtet, als er Weltmeister war. Die Menschen in seinem privaten Umfeld wußten, daß er unter diesem Druck nicht mehr so konzentriert gefahren und die ganze Quälerei des Trainings für die WM umsonst gewesen wäre. So behielten sie schweren Herzens die schlimme Nachricht so lange zurück. Sportlich war 1993 das erste einer Reihe von erfolgreichen Jahren. Neben dem WM-Titel in Oslo war er auch bei der Bohemia- und der Australien-Rundfahrt siegreich, wurde Deutscher Meister im Punktefahren und konnte den Amateur-Pokal für sich entscheiden. Auch im folgenden Jahr lief es nicht schlecht für den Rostocker. So war der Weg zum Profiradsport für ihn der einzig logische und im nächsten Jahr war es dann soweit.

1995 brachte wieder einschneidende Veränderungen im Leben des jungen Radsportlers. Walter Godefroot, stets auf der Suche nach guten Fahrern für das Team Telekom, schloß einen Vorvertrag mit Jans Manager Wolfgang Strohband für die kommenden Jahre. Welchen Glücksgriff Godefroot damit getan hatte, ahnte der erfahrene Radfuchs damals bereits. Auch im privaten Bereich brachte das Jahr eine Veränderung, Jan lernte seine heutige Lebensgefährtin Gaby kennen, zu der er dann nach Merdingen zog. In einem kleinen Appartement auf dem Weingut ihrer Eltern bauten sie ihr erstes kleines Heim auf, und für Jan endete das Leben in den Männer-Wohngemeinschaften. Nun gab ihm die Zweierbeziehung den privaten Halt, den er benötigte, um weitere sportliche Höchstleistungen vollbringen zu können, die auch prompt folgten.

1996 brachte das dritte große Kapitel in der Sportgeschichte, das von Jan Ullrich geschrieben wurde, obwohl ihm der Bund Deutscher Radfahrer (BDR) anfänglich einige völlig unsinnige Steine in den Weg legte. Die Funktionäre stellten den jungen Mann, der sich immer mehr zu einem echten Spitzenfahrer entwickelte, vor die Wahl, entweder an der Tour de France oder der Olympiade in Atlanta teilzunehmen. Für Atlanta hätte er im

Sommer in ein spezielles Trainingslager des BDR gehen müssen. Diese Termine überschnitten sich aber völlig mit der Tour de France und den dazugehörigen Vorbereitungen. Außerdem hätten sie absolut nicht in den langfristigen Trainingsplan gepaßt, der bereits seit dem Winter des Vorjahres lief. In welchen verworrenen Funktionärsgehirnen diese Entscheidung auch entstanden sein mag, ist Geschichte; Fakt ist, daß Jan die in diesem Fall für ihn einzig richtige Entscheidung traf und letztendlich die Tourteilnahme, einen seiner großen Träume aus Kindertagen, vorzog. In welcher glänzenden Form er sich dort präsentierte, soll später in diesem Buch noch aufgezeigt werden. Als Ergebnis stand der zweite Platz in den Annalen der Geschichtsbücher. Damit hatte er die bisher beste Plazierung eines deutschen Tourteilnehmers nach 65 Jahren (Kurt Stöpel, Zweiter 1932) egalisieren können. Wie peinlich muß dieses Ergebnis für die Funktionäre des BDR wohl gewesen sein! Jan sah die Angelegenheit nach der hervorragenden Tourplazierung weniger problematisch: *»Ich bin froh, daß ich mich für die Tour entschieden habe. Atlanta ist abgehakt, ich werde mich schön vor den Fernseher setzen. Ich hätte mich sicher geärgert, wenn ich meine augenblickliche Form in einem Trainigslager vergeudet hätte.«* Daß er in jenem Jahr auch noch die Gesamtwertung der Regio-Tour gewann, sei der Ordnung halber ebenfalls erwähnt.

Im Herbst des Jahres, nach seinem verdienten Urlaub mit Freundin Gaby in Florida, stand für Jan und seine Berater eine neue Entscheidung an: Bahnrennen im Winter, das heißt meist Sechs-Tage-Rennen in großen Hallen, oder Training für die Straße? Wieder traf er die richtige Entscheidung: *»Ich konzentriere mich auf die Straße und werde definitiv kein Sechs-Tage-Rennen bestreiten.«* Vor allem die Vorbereitung auf die Tour de France im Sommer war ihm wichtiger als alles andere.

Statt Rennen in einer verräucherten Halle standen nun andere sportliche Disziplinen auf seinem Programm. Krafttraining war angesagt, tägliches Fahren auf der Rolle und Ski-Training in den Alpen. Die Zeit vor Weihnachten verbrachte er noch einmal in Ruhe bei Freundin Gaby und ihrer Familie in Merdingen und besuchte die Mama in Rostock, dann ging es für lange Wochen auf die Ferieninsel der Deutschen schlechthin, nach Mallorca und nach Südspanien. Dort bot sich auch im Winter die Möglichkeit, auf der Straße zu trainieren, und die Mallorca-Rundfahrt war eine gute Möglichkeit, die eigene Form zu überprüfen.

1997 sollte dann zum »Ullrich-Jahr« schlechthin werden, das deutete sich bereits zwei Wochen vor der Tour de France an. Bei der Tour de Suisse zeigte er erstmals in diesem Jahr, in welcher Top-Verfassung der Wahl-Merdinger sich befand. Ein Etappensieg und der dritte Platz in der Gesamtwertung waren das Ergebnis, mit dem er, laut Sportpresseberichten, »die Weltelite schockte«. Manager Strohband äußerte sich nach der Rundfahrt begeistert zu den Journalisten: *»Ich wußte die ganze Zeit, was Jan wirklich drauf hat . . .«,* und Telekom-Teamchef Godefroot toppte die Aussagen noch: *»Jan ist einfach ein Phänomen.«* Wie recht er noch haben sollte, haben wir alle am 27. Juli 1997 bei der Siegesfahrt auf den Champs-Élysées miterleben können. Doch was macht das Phänomen Ullrich aus? Diese Frage ist im Sommer 1997 immer wieder gestellt worden.

Professor Josef Keul, Chef der Universitätsklinik Freiburg, seit 1991 verantwortlich für die medizinische Betreuung des Telekom-Teams, erklärte, daß Ullrich »fünf PS mehr« als seine Mitbewerber hätte, wie wir bald in allen Zeitungen lesen konnten, und erklärte dies auch wissenschaftlich: *»Ullrich hat mit einer Sauerstoffaufnahme von 80 bis 85 Milliliter pro Kilogramm Körpergewicht phänomenale Werte. Dreißig Prozent dieser Kapazität sind angeboren, den Rest bringt er mit . . .«* Sein Herz kann bei einer niedrigen Schlagfrequenz – während der Tour wurde stets von 32 Schlägen pro Minute als Beispiel gesprochen – genügend Blut durch den Körper pumpen. Bei einem normalen Menschen sind hierzu 45 und mehr Herzschläge nötig. Dies sind organische Gründe für seine überragende Leistungsstärke, ein weiterer ist sein Körperbau. Seine Beine sind, bei 183 cm Körpergröße, exakt einen Meter lang. Die Oberschenkel messen 48 cm, die Unterschenkel 52 cm. Der zweite sportliche Leiter des Teams, Rudy Pevenage, erklärte dazu, daß dies Maße für einen Radsportler sind, der »wie aus dem Computer geschaffen« ist. Dadurch ergibt sich physikalisch betrachtet eine ideale Hebelwirkung. Andere Fahrer, wie auch sein Tour-Kontrahent Virenque, verfügen nicht über solche Maße. In der Praxis konnten wir bei der Tour den sich daraus ergebenden Unterschied direkt beim Bergfahren oder bei leichten Anstiegen miterleben. Während Virenque aus dem Sattel mußte und stehend in die Pedalen trat, blieb Jan meist sitzen und konnte das vorgegebene Tempo dennoch mitgehen. Das spart Kraft und stört den Fahrrhythmus nicht so arg. Hinzu kommen auch noch seine Arme. Sie sind 60 cm lang (von der Schulter bis zum Handgelenk gemessen) und ermöglichen ihm diese ureigene Körperhaltung auf dem Rad, die entspannt und elegant zugleich wirkt.

So um die 35 000 Trainingskilometer unter härtesten Bedingungen muß ein Radsportler in einem Jahr zurücklegen, um sich auf so schwere Rennen wie die Tour de France richtig vorzubereiten. Dazu gehört dann auch die richtige Regeneration des gesamten Körpers. Hierbei unterscheidet Jan Ullrich sich ein wenig von seinen Teamkollegen. Nach jeder Etappe setzen sich die Fahrer zuerst auf die Rolle, um noch rund eine halbe Stunde lang die verkrampften Muskeln zu lockern und den Körper zu entschlacken, danach geht es zum »Kneten« auf die Massagebank. Rund eine Stunde lang lassen sich die Rennfahrer massieren, Jan Ullrich bleibt stets eine halbe Stunde länger liegen. Das ist seine Art, den Streß abzubauen. Aus Masseurkreisen war zu erfahren, daß er dabei manchmal sogar einschläft. Seit frühester Jugend ist auch bekannt, daß sein Körper eine wesentlich kürzere Regenerationsphase benötigt, als es bei den meisten anderen Sportlern der Fall ist. So war er dann auch fast an jedem Morgen während der Tour wieder topfit.

Die permanente ärztliche Betreuung während eines längeren Radrennens ist ebenfalls wichtig für den Erfolg eines Fahrers. Rund drei Stunden vor jedem Etappenstart mißt einer der beiden mitreisenden Teamärzte, Dr. Schmid oder Dr. Heinrich, die als verlängerte Arme von Professor Keul gelten, den Ruhepuls bei jedem Fahrer. An den Werten kann der Fachmann beispielsweise den Beginn einer Infektion erkennen. Dann müssen Medikamente eingesetzt werden, um Schwächephasen zu vermeiden. Natürlich legt Jan und sein Team größten Wert darauf, daß nur solche Arzneien zum Einsatz kommen, die auf keiner Dopingliste stehen, denn mit verbotenen medizinischen Hilfen haben die deutschen Radsportler nichts im Sinn.

Ein weiteres Geheimnis des Erfolges ist die stets richtige Ernährung. Bei so einem mörderischen Rennen wie der Tour de France gelten andere Essensmaßstäbe als für uns Normalbürger im Alltag. Während Millionen Menschen mit ihren überflüssigen Pfunden kämpfen, müssen die Radprofis essen, was nur in den Magen hineingeht, wollen sie nicht kraftlos hinterher fahren, und nehmen dennoch fünf bis sieben Kilo zwischen Start und Ziel ab. Rund 8000 Kalorien und mehr nehmen sie pro Tag zu sich. Zum Frühstück gibt es meist Brötchen mit Honig, dann noch Spaghetti als Pflichtessen. Für unterwegs werden spezielle Kohlenhydrat-Getränke vorbereitet, die stark mit Zucker angereichert sind. Vor allem das Trinken ist äußerst wichtig. Hinzu kommen Müsliriegel und spezielle Glucosebeutel. Die sind leichter und besser zu handhaben, als komplette Lebensmittel wie etwa Bananen.

Neben all den medizinischen und ernährungstechnischen Gründen, die immer wieder angeführt werden, ist seine mentale Stärke, die Trainer Peter Becker bereits in jungen Jahren erkannt hatte, ein wichtiger Sieg-Faktor. Jan kann weit über seine Leistungsgrenze hinausgehen, ohne zu wehklagen. Bereits als Junge fuhr er auch dann noch weiter, wenn alle anderen Mitstreiter schon aufgegeben hatten. Dies ist teilweise angeboren, doch mit Sicherheit ist es auch ein Ergebnis der harten Grundschulung in den Sportzentren der ehemaligen DDR, die seine ersten sportlichen Jahre und somit auch seine Mentalität mitgeprägt haben. Den Feinschliff, etwa bei der Fahrtechnik und der Taktik, den bekam er dann im Westen eingetrichtert. In Jan Ullrich hat sich eine ideale Kombination aus ostdeutscher Basisarbeit und westdeutscher Nachbehandlung vereinigt, die letztendlich den ersten gesamtdeutschen Tour de France-Sieger hervorgebracht hat. Wie wichtig die ersten Jahre in Ostberlin für ihn waren, hat er selber recht früh erkannt und sagte dazu: »*Ich weiß nicht, wie ich mich entwickelt hätte, wenn ich im Westen aufgewachsen wäre.*« Alle Fachleute, ob sie wirklich etwas vom Radsport verstehen oder nicht, können dies auch nicht beurteilen.

Jan Ullrich kann über Jahre hinaus ein Idol bleiben, das sowohl in den sich oft benachteiligt fühlenden neuen Bundesländern als auch in den alten gleichermaßen geliebt und umjubelt wird, wie vor ihm bereits Henry Maske im Boxsport, und kann somit neben sportlichen Großtaten auch einen kleinen Beitrag zum weiteren Zusammenwachsen unseres Landes leisten.

Einen großen Beitrag für die bundesdeutsche Wirtschaft hat er bereits geleistet, denn seit seinem Tour-Sieg boomt die Fahrradindustrie wie nie zuvor in unserem Land und die Anmeldungen bei den bisher nicht gerade stark mit finanziellen Mitteln ausgestatteten Clubs schoß sprunghaft in die Höhe. Wolfgang Scheibner, Präsident des Berliner Radsport Verbandes, kommentierte dies mit den Worten: »*Unsere Telefone stehen nicht mehr still.*« Die meisten Anrufer wollen wissen, wo der für sie nächste Verein zu finden ist, damit sie ihre Kinder dort anmelden können. Wir werden diese Frage im letzten Kapitel des vorliegenden Buches beantworten.

Auch die Merchandise-Artikel, in der heutigen Zeit zu jedem echten Fan gehörend, werden inzwischen in Größenordnungen verkauft, die vor der Tour noch undenkbar waren. Erfreut gab die Telekom bekannt, daß noch während der Tour Fanartikel für mehr als eine Million Mark verkauft wurden. Der wirkliche Run auf Trikots, Mützen und was sonst noch angeboten wird, begann aber erst nach Tourende.

Daß die Medien in unserem Land während und nach der Tour de France von der Siegesfahrt des jungen Deutschen gewaltig profitierten, haben wir alle miterlebt. Zeitungsauflagen stiegen, der Sportsender Eurosport blendete Werbespots ein wie noch nie und die ARD brachte sogar Sondersendungen, die echte Quotenrenner der Öffentlich-Rechtlichen waren.

Natürlich wird auch die Werbeindustrie einen neuen Schub in unserem Lande bekommen, das ist sicher. Kaum hatte sich Jan Ullrich das Gelbe Trikot überstreifen lassen, begannen auch bereits die ersten Verhandlungen zwischen seinem Manager und großen Konzernen. Eine Firma konnte sich zu jenem Zeitpunkt aber bereits die Hände reiben: Adidas hatte Jan bereits nach der 96er Tour unter Vertrag genommen und so mit Sicherheit eine Menge Geld gespart, denn mit jedem Kilometer, den er das Trikot des Führenden näher an Paris herantrug, stieg sein Werbe-Marktwert um ein Vielfaches. Daß er trotz des riesigen Wirbels um seine Person und der Millionen, die da auf ihn zurollen, nicht abheben wird, davon sind die Menschen aus seinem Umfeld überzeugt.

Mutter Marianne Kaatz, die auch heute noch in Rostock lebt war extra nach Colmar gereist, um ihren Sohn unter Freudentränen am Ende der siebzehnten Etappe in den Arm zu nehmen, und dann nach Paris vorauszufahren. Freundin Gaby, die zwei jahre älter ist als Jan und ihr Geld als Bundeswehr-Angestellte verdient, und die Mutter geben ihm den menschlichen Halt und das Gefühl von intaktem Familienleben, das er sich wünscht. Da werden auch Millionenangebote und mit Sicherheit auftauchende falsche Berater nicht viel ändern. Auf diesem Gebiet kann er sich jederzeit vertrauensvoll an Trainer Peter Becker und Manager Wolfgang Strohband wenden.

Wir wünschen uns alle, daß er noch viele Jahre der Star bleibt, zu dem er in den Jahren 1996/97 geworden ist: Der überragende Radsportler unserer Zeit mit einem lausbubenhaften Aussehen und der ehrlichen Offenheit, die wir alle an ihm so sehr schätzen und dem wir mehr als fünf Erfolge bei der Tour de France in den kommenden Jahren wünschen, was bisher noch keinem Fahrer gelungen ist. Zuzutrauen wäre es ihm, denn seine profihafte Einstellung ist beispielhaft. Aus solchem Holz sind Tour de France-Helden geschnitzt.

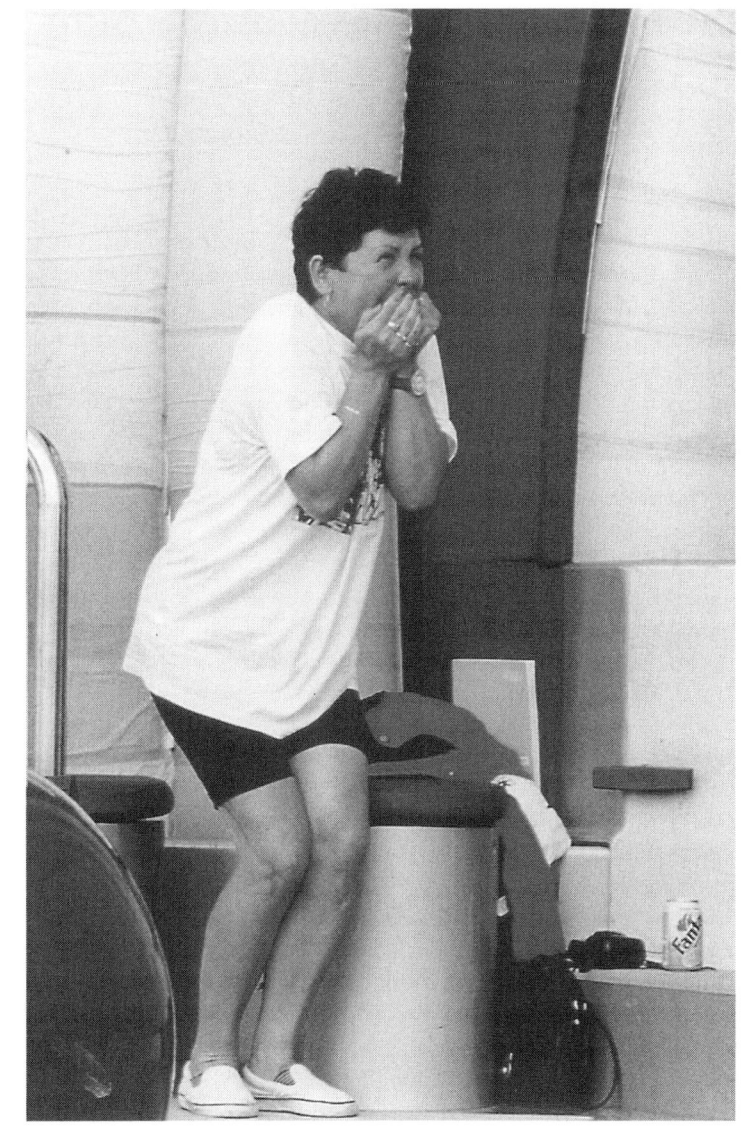

Die Tour de France aus deutscher Sicht

Die Tour de France, was ist das eigentlich? Ein Radrennen? Das größte Radrennen der Welt? Oder ist es wesentlich mehr? Nun, die Tour de France ist, nach den Olympischen Spielen und der Fußball-Weltmeisterschaft, die drittgrößte Sportveranstaltung der Welt. Sie dauert rund drei Wochen und fasziniert inzwischen – dank der immer besseren Medienberichterstattung – jedes Jahr Millionen Menschen weltweit.

Erfunden wurde dieser Radmarathon im Jahre 1903 in Frankreich. Der Journalist Géo Lefèvre hatte die Idee, in den normalerweise recht meldungsarmen Sommermonaten die Seiten der französischen Zeitung »L'Auto« mit interessanten Berichten zu füllen. Er schlug weiterhin als Austragungsmodus das Konzept der bereits bestens eingeführten Sechs-Tage-Rennen vom Bahnradsport vor. Dieses sollte auf die Straße übertragen und als Rundfahrt durch ganz Frankreich ausgetragen werden.

Chefredakteur Henri Desgrange, selber vormals aktiver Radsportler und ehemaliger Weltrekordler im Stundenfahren, nahm diesen Vorschlag begeistert auf. Am 1. Juli 1903 setzten sich dann 60 Rennfahrer in Bewegung und nahmen die erste Etappe von Paris nach Lyon in Angriff. Das waren immerhin fast 470 Kilometer auf ungeteerten Wegen. Meist hielt man sich in den Anfangsjahren an die Bahnstrecken, denn diese gaben den Zeitnehmern und Streckenposten – in der Masse waren es Journalisten und andere Mitarbeiter der Zeitung, die Möglichkeit –, sich bequemer und schneller den jeweiligen Etappenzielen nähern zu können. In einer Zeit, als es noch keine Telefone, Handys, Fernsehkameras und Satellitenübertragungen gab, war es oft nicht einfach, das Feld der Fahrer zu kontrollieren. Die Startzeiten und Ergebnisse wurden per Fernschreiber übermittelt. Immer wieder wurden in den ersten Tourjahren Stimmen laut, daß auch einige der Fahrer die Annehmlichkeiten einer Zugfahrt genutzt haben sollen, um so bereits verlorene Zeit wieder aufzuholen.

Das war bei den damals absolvierten Tagesetappen aber auch nicht weiter verwunderlich, denn 400 Kilometer und mehr waren es fast immer. So begannen die Athleten meist bereits in den frühesten Morgenstunden, in die Pedale zu treten und erreichten, wenn überhaupt, das Tagesziel meist erst in den späten Abendstunden. Zwischen den sechs überlangen Etappen gab es allerdings immer wieder einige Tage zur Erholung, dennoch waren es mörderische Strecken, die zurückgelegt werden mußten.

Als erster Tour-Sieger verzeichnen die Annalen den Franzosen Maurice Garin, der die 2428 Kilometer als erster hinter sich brachte.

Der erste deutsche Teilerfolg bei einer Tour konnte im Jahr 1923 verzeichnet werden. Joseph Müller gewann eine Etappe. Es sollten dann aber neun Jahre vergehen, ehe wieder ein deutscher Fahrer auf sich aufmerksam machen konnte. Kurt Stöpel konnte nicht nur einen Etappensieg für sich verbuchen, und das Gelbe Trikot, das 1919 als Zeichen des Führenden von Rennleiter Degrange eingeführt worden war, für zwei Renntage tragen, sondern der Berliner schaffte es sogar, das Ziel in Paris 24 Minuten hinter Sieger André Leducq als Zweitplazierter zu erreichen. So einen Erfolg sollte erst 64 Jahre später der junge Mann wiederholen können, dem dieses Buch gewidmet ist.

Im Jahre 1936 wechselte die Leitung der Tour-Organisation. Desgrange wurde von dem 31jährigen Jacques Goddet abgelöst. Ein Jahr später gelang es gleich zwei deutschen Fahrern, Etappensiege einzufahren. Erich Bautz konnte zwei Etappen für sich entscheiden, und Otto Weckerling war einmal erfolgreich. Bautz trug das Gelbe Trikot in jenem Jahr über drei Etappen hinweg.

1938 konnte dann wieder ein Gelbes Trikot von einem deutschen Fahrer übergestreift werden. Willy Oberbeck hieß der junge Mann. Otto Weckerling gelang, wie im Vorjahr auch, 1938 wieder ein Etappensieg.

Der Zweite Weltkrieg kam und stoppte die meisten internationalen Sportwettbewerbe auf europäischem Boden für einige Jahre, so auch die Tour de France. Aus der ehemaligen Autozeitung »L'Auto« entstand 1946 die heute noch größte Sportzeitschrift der Welt »L'Equipe«. Jacques Goddet wurde wieder Rennleiter und veranstaltete 1947 die erste Nachkriegstour, zu der deutsche Fahrer aber noch nicht zugelassen waren. Doch auch als man dann im Sport langsam international wieder akzeptiert wurde, blieben die Tourerfolge erst einmal aus.

1960 schien dann der erste deutsche Fahrer die Tour de France gewinnen zu können. Hans Junkermann aus Köln, den alle nur »Hännes« nennen, hatte alle Chancen. Bereits im Vorjahr hatte er die schwere Tour de Suisse gewinnen und zeigen können, daß er der stärkste Bergfahrer jener Jahre war. Der Spitzenfahrer seiner Zeit, Jacques Anquetil, war 1960 nicht am Start, und als auch noch der in Frankreich bereits als sicherer Sieger gehandelte Favorit Roger Riviere ausfiel, schien der Weg für Junkermann frei zu sein. Leider konnte er diese Chance aber nicht nutzen. Seine Kritiker warfen ihm hinterher vor, viel zu zögerlich gefahren zu sein. Durch sein Zaudern und den fehlenden »Killerinstinkt« wurde er unter Wert geschlagen und fuhr nur als Vierter in Paris ein. Im Folgejahr erging es ihm ähnlich. Er beendete die Tour als Fünfter, ohne eine einzige Etappe gewonnen zu haben.

Bis zum Jahr 1962 verzeichnen die Statistiken der Tour de France keine weiteren Siege deutscher Fahrer.

Dann kam Rudi Altig.

Der beste deutsche Radrennfahrer der 60er Jahre fuhr 1962 seine erste Tour und eroberte die Herzen der Zuschauer mit seiner couragierten Fahrweise im Sturm. »L'Equipe« gab ihm den ehrfurchtsvollen Spitznamen »königlicher Sprinter«. Bei seiner ersten Tourteilnahme errang er drei Etappensiege, trug einen Tag lang das Gelbe Trikot und war bei Tourende als bester Sprinter der Sieger im Wettstreit um das Grüne Trikot.

Das Jahr 1964 ging in die Tourgeschichte aus deutscher Sicht als ein »Altig-Jahr« ein. Drei Tage lang war er im Besitz des Gelben

Trikots, und ein weiterer Etappensieg konnte seinem Tourkonto gutgeschrieben werden.

Seine erfolgreichste Tourteilnahme folgte 1966. Neun Tage lang durfte er das Gelbe Trikot überstreifen, und drei Etappen entschied er siegreich. Daneben war in jenem Jahr auch ein zweiter Deutscher recht erfolgreich. Karl-Heinz Kunde trug vier Tage lang das Gelbe Trikot.

1967 hieß der Hoffnungsträger für die Tour auf deutscher Seite Rolf Wolfshohl. Er entschied eine Etappe für sich. Ein Jahr später trug er dann zwei Tage lang das Gelbe Trikot und beendete die Tour als Sechster.

1969 griff Rudi Altig noch einmal an. Ein Etappensieg und zwei Gelb-Trikot-Tage waren der Lohn für seine Anstrengungen. Seine persönliche Tourstatistik weist von 1962 bis 1969 insgesamt 18 Tage im Gelben Trikot und acht Etappensiege auf, dazu den Gewinn des Grünen Trikots in seinem ersten Tourjahr.

1970 konnte Rolf Wolfshohl noch einmal eine Etappe gewinnen, doch danach kamen magere Jahre aus deutscher Sicht.

1977 betrat dann Dietrich Thurau die Tourbühne.

»Didi«, wie er genannt wurde, setzte sich gleich beim Prolog am Fuß der Pyrenäen in Szene, siegte auch auf der folgenden schwierigen Bergetappe und behielt das Gelbe Trikot über 15 Tage hinweg. Dann ließ seine Kraft ein wenig nach. »Engelsgesicht« (»Geule d'ange«) nannten ihn die französischen Medien, und Deutschland erlebte den ersten großen Radrennboom. Eine ganze Nation fieberte mit dem neuen Helden, der dann kurz vor der Ziellinie noch abgefangen wurde, doch ein Held blieb er bis heute.

Einen Achtungserfolg konnte Klaus-Peter Thaler 1978 für sich verbuchen. Zwei »Gelb-Tage« und ein Etappensieg wurden seinem Konto gutgeschrieben. Er sollte für 19 Jahre der letzte deutsche Fahrer sein, der das Gelbe Trikot des Führenden tragen durfte. Zwar konnte Didi Thurau 1979 noch einmal einen Etappensieg landen, doch das war auch alles.

Rolf Gölz hieß der Fahrer, auf dessen Schultern gegen Ende der 80er Jahre die deutschen Tourhoffnungen ruhten. Mehr als je ein Etappensieg in den Jahren 1987 und 1988 war aber auch ihm nicht beschieden.

Nach der »Wende«, als Deutschland sich wieder zusammenfand, hatten auch die Fahrer aus der ehemaligen DDR ihre Chance, endlich an der Tour de France teilzunehmen. Einer der ersten, der diese sich bietende Chance ergriff, war der aus Gera stammende Neuprofi Olaf Ludwig. Der Olympiasieger von 1988 fuhr zwei Jahre später auch gleich einen Etappensieg heraus und konnte auf Anhieb das Grüne Trikot erkämpfen. Im Folgejahr gelang ihm erneut ein Etappensieg, ebenso wie 1993.

1995 machte dann ein Mann erstmals bei der Tour auf sich aufmerksam, der auch heute noch für jeden Sprint gut ist. Erik Zabel, der gebürtige Berliner, war 1992 in das Profilager gewechselt und fuhr 1994 seine erste Tour de France, bei der er zwar nicht besonders erfolgreich war, aber eine Menge lernte. Als das Team Telekom 1995 bereits totgesagt war und in allerletzter Sekunde erst die Teilnahme an der Tour zustande kam, war er es, der die Kritiker eines Besseren belehrte. Mit zwei Etappensiegen bewies er nicht nur seine eigene Qualität als Sprinter, sondern auch, daß in dem Telekom-Team ein echtes Potential steckte, das es zu wecken galt. Mit dem Dänen Bjarne Riis kehrte ab 1995 auch die Professionalität in das deutsche Rennteam ein, ohne die in unserer Zeit echte sportliche Erfolge nicht mehr möglich sind. Als Riis dann 1996 die höchste Krone der Tour gewann, war Erik Zabel einer der Männer an seiner Seite, die diesen Erfolg erst möglich machten; dabei konnte er zwei Etappensiege erkämpfen und die Wertung um das Grüne Trikot für sich entscheiden.

Im selben Jahr fuhr ein junger Deutscher seinen ersten Toureinsatz, von dem in den kommenden Jahren mit Sicherheit noch viel zu berichten sein wird: Jan Ullrich konnte sich eindrucksvoll als Etappensieger eintragen, war auf Anhieb bester Neuling und beendete seine erste Tour de France als Zweitplazierter.

Mit dem Jahr 1997 beginnt nun ein aus deutscher Sicht völlig neues Kapitel im ewigen Tour-de-France-Buch. Der erste Sieg eines deutschen Fahrers in der nunmehr 95jährigen Tourge-schichte hat in unserem Land einen Fahrradboom ausgelöst wie nie zuvor. In einer Zeit, da alte Sporthelden »müde« werden, Steffi Graf laut ans Aufhören denkt, Boris Becker sowie Michael Stich den Tennisschläger an den Nagel hängen und Henry Maske bereits aufgehört hat, kommt ein frischer, unverbrauchter Vorzeigeathlet gerade recht, und die Medien greifen erfreut nach diesem glücklichen Angebot. So werden sich für Jan Ullrich die Strapazen eines harten Trainings, in dessen Verlauf er – hängt man alle Trainingseinheiten aneinander – bereits mehr als drei Mal um die Welt geradelt ist, mit Sicherheit auszahlen, und ich kann mir nicht vorstellen, daß ihm dies jemand neidet. Wenn man einmal realistisch betrachtet, mit welchem Kraftaufwand dieser junge Mann sein inzwischen siebenstelliges Jahreseinkommen verdienen muß, dann sind die hochbezahlten Stars im Fußball oder Tennis dagegen bestenfalls etwas bessere Freizeitsportler, wie es ein TV-Moderator treffend ausdrückte. Natürlich soll die Leistung der anderen Sportler mit so einer Aussage nicht herabgewürdigt werden, doch Jan Ullrich und all die anderen Rennfahrer im Radsport müssen oft körperliche Leistungen vollbringen, die man als unmenschlich bezeichnen kann. Fast jeder Zuschauer, ob an der Strecke oder am TV-Gerät, ist selber schon einmal mit dem Rad gefahren und kann sich vorstellen, was dazu gehört, mehr als 100 oder 200 Kilometer ohne größere Pause zu fahren. Deshalb findet diese Leistung auch mit Sicherheit bei einer größeren Anzahl von Menschen auf Anhieb die Anerkennung, die sie verdient. Dies mag mit ein Grund sein, daß die Tour de France des Jahres 1997 nach der Übernahme des Gelben Trikots durch Jan Ullrich zum Quotenrenner aller Medien schlechthin geworden ist. Wie sehr die deutsche Fernsehnation mit ihrem neuen Helden um den Toursieg bangte, konnte man daran ablesen, daß die Übertragungen aus Frankreich von bis zu 5 Millionen Menschen gesehen wurden und sich sogar »König Fußball« und die Formel 1 von Hockenheim im Interesse der Fernsehzuschauer in jenen Tagen mit zweiten Plätzen begnügen mußten.

Die erste Tour – »die Windel« wird bester Newcomer

Als Jan Ullrich vom Teamchef Godefroot erfuhr, daß er an der Tour de France des Jahres 1996 teilnehmen würde, war er überglücklich. Einer seiner Jugendträume wurde wahr, und er beschloß, sich zusammen mit seinem Trainer und sportlichen Berater Peter Becker so gründlich wie nur möglich auf die anstehenden rund 3950 Kilometer vorzubereiten. Der Däne Bjarne Riis war völlig zuversichtlich. »Ich gewinne die Tour«, erklärte er vor dem Start und fing sich dafür so manchen bedauernden Blick der Fachleute ein, die ihn zwar als stark, aber für dieses Jahr nicht als siegverdächtig eingeschätzt hatten. Am höchsten wurde, vor allem in seinem Heimatland Spanien, der in den fünf Jahren in Folge stets siegreiche Miguel Indurain, eingeschätzt.

Es war bekannt, daß die Tour für dieses Jahr von den Organisatoren mehr auf die Bergspezialisten ausgerichtet wurde. Ein Grund hierfür war mit Sicherheit die Langeweile der vergangenen Jahre, die dadurch aufgekommen war, daß ein Fahrer wie Indurain, der beim Zeitfahren einen komfortablen Sieg herausfuhr, diesen Vorsprung dann über die gesamte Streckenlänge nur verteidigte, ohne dabei noch groß in Erscheinung zu treten. Dies soll die Siege des Spaniers nicht schmälern, doch sowohl Zuschauer als auch Offizielle wünschten sich einen spannenderen Rennverlauf.

Mit dem üblichen Prolog, der für die 83. Tour de France des Jahres 1996 als Einzelzeitfahren über eine Streckenlänge von 9,4 Kilometern im niederländischen s'Hertogenbosch angesetzt war, begann am 29. Juni 1996 das größte Radrennspektakel des Jahres. Es regnete, die Straße war naß und schlüpfrig, und dies veranlaßte einige der Favoriten zu einer etwas vorsichtigeren Fahrweise.

Auch der in den fünf Jahren zuvor stets siegreiche Spanier Miguel Indurain ging den Regensprint in für ihn ungewohnt vorsichtiger Fahrt an und landete schließlich mit einem Rückstand von 12 Sekunden hinter dem Gewinner des Prologs, dem Schweizer Alex Zülle, nur auf Rang sieben.

Das Telekom-Team hatte sich in diesem Jahr voll auf den Kapitän Bjarne Riis konzentriert, doch die ersten etwas mehr als neun Kilometer der 83. Tour legte Jan Ullrich als schnellster seines Teams zurück und fand sich vor dem Start zur ersten Etappe auf dem 37. Rang wieder.

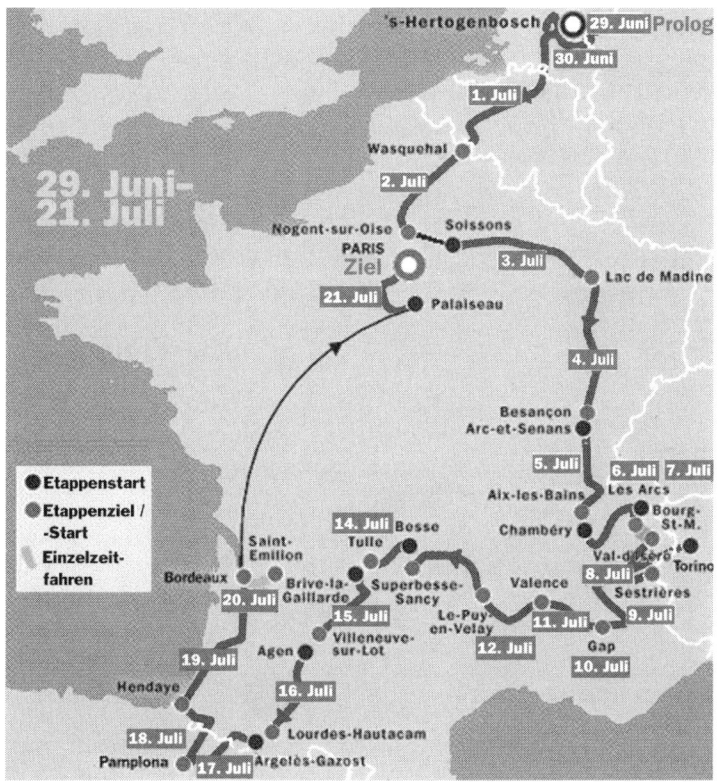

Ergebnis Prolog

Rang	Fahrer	Nat.	Team	Zeit min
1	Zülle	SUI	Once	10:53
2	Boardman	GB	Gewiss	10:55
3	Berzin	RUS	Gewiss	10:56
4	Olano	ESP	Mapei	11:00
5	Rominger	SUI	Mapei	11:03
6	Riis	DAN	Telekom	11:04
7	Indura in	ESP	Banesto	11:05

Am nächsten Tag ging es dann auf die erste Einzeletappe. Sie führte rund um s'Hertogenbosch und wurde im Massensprint entschieden. Lange sah es nach einem Etappensieg des Telekom-Fahrers Erik Zabel aus, doch er wurde auf den letzten Metern noch abgefangen. Daß es dabei nicht unbedingt immer fair und sauber zuging, sah auch die Rennjury und erkannte dem Italiener Cipollini seinen dritten Platz wieder ab.

Ergebnis 1. Etappe = 209 km, Schnitt: 41,800 km/h

Rang	Fahrer	Nat.	Team	Zeit Std
1	Moncassin	FRA	Gan	5:00:01
2	Blijlevens	HOL	TVM	
3	Svorada	SLO	Panaria-Vinavil	
4	Minali	ITA	Gewiss	
5	Zabel	D	Team Telekom	
6	Baldato	ITA	MG	alle zeit-gleich

Wesentlich schlimmer als der Verlust einiger Plätze im Sprint traf das Telekom-Team der Ausfall Mario Kummers. Er brach sich bei einem Sturz das Schlüsselbein. Auch der Kolumbianer Hernan Buenahora mußte wegen Verletzung aufgeben. Er erlitt infolge eines Sturzes einen Armbruch.

Die zweite Etappe führte von s'Hertogenbosch durch Belgien nach Wasquehal und somit erstmals auf französischen Boden. Wieder kam das Feld geschlossen an, und der Etappensieg wurde durch einen Massenspurt beendet, bei dem der am Vortag zurückgestufte Italiener Mario Cipollini sich durchsetzen konnte. Erik Zabel machte seinem Ruf als guter Sprinter alle Ehre und belegte einen hervorragenden sechsten Platz, Riis und Ullrich kamen im Feld an.

Ergebnis
2. Etappe = 247,5 Kilometer, Schnitt: 38,097 km/h

Rang	Fahrer	Nat.	Team	Zeit Std
1	Cipollini	ITA	Saeco	6:29:22
2	Blijlevens	HOL	TVM	
3	Svorada	SLO	Panaria-Vinavil	
4	Moncassin	Fra	Gan	
5	Capelle	FRA	Aubervil-liers	
6	Zabel	D	Team Telekom	alle zeit-gleich

Die dritte Etappe führte von Wasquehal nach Nogent–Sur–Oise. Während der ersten beiden Etappen hatte es immer wieder Proteste seitens der Fahrer wegen mangelhafter Sicherheitsbestimmungen gegeben, auch wurde die Streckenführung bemängelt. Da die Rennleitung taub für alle Bitten und Forderungen der Fahrer war, bot die dritte Etappe für die nicht so gut informierten Zuschauer ein merkwürdiges Bild: Die Teilnehmer gingen diese Etappe extrem langsam an. Nicht daß sie ihre Räder schoben, sie fuhren einfach viel langsamer als normal. Erst kurz vor dem Ziel wurde es wieder spannend, und Erik Zabel war diesmal der Glückliche, der sich im Sprint vor Cipollini durchsetzen konnte. Dritter wurde der Franzose Frederic Moncassin, der so das Gelbe Trikot von Zülle übernahm. Für den Etappensieger Zabel war es der dritte Etappenerfolg bei einer Tour de France und der erste dieses Jahres.

Ergebnis 3. Etappe = 195 km, Schnitt: 35,524 km/h

Rang	Fahrer	Nat.	Team	Zeit Std
1	Zabel	D	Team Telekom	5:29:21
2	Cipollini	ITA	Saeco	
3	Moncassin	FRA	Gan	
4	Svorada	SLO	Panaria-Vinavil	
5	Blijlevens	HOL	TVM	
6	Baldato	ITA	MG	alle zeit-gleich

Am 3. Juli ging es dann von Soissons nach Lac de Madine. 232 Kilometer standen an diesem Tag auf dem Programm. Die Differenzen zwischen Fahrern und Offiziellen waren zwar noch nicht ganz beigelegt, doch die Athleten konzentrierten sich wieder auf ihre eigentliche Aufgabe und fuhren endlich im Renntempo. Es sollte eine spannende Etappe werden. Bereits 38 Kilometer nach dem Start unternahm eine fünfköpfige Gruppe einen Ausreißversuch, der auch gelang. Bis zum Ziel konnte diese Gruppe sich stets vor dem Feld halten und baute den Vorsprung teilweise bis auf 17 Minuten aus. Obwohl der Spanier Indurain mehrfach zur Aufholjagd blies, gelang es dem sich immer weiter auseinanderziehenden Feld nur, den Abstand auf ein erträgliches Maß zu redu-

zieren. Die Führungsgruppe mit dem Tourneuling Cyril Saugrain sowie Stephane Heulot bereitete sich noch auf die Endphase der Etappe vor, als Saugrain einen Ausreißversuch unternahm und ihn bis zum Ziel durchstehen konnte. So kam er bei seinem ersten Tour-Einsatz auch gleich zum ersten Etappensieg seiner noch jungen Karriere.

Heulot konnte sich nun das Gelbe Trikot überstreifen lassen, und das Grüne Trikot ging an Frederic Moncassin. Ein harter Schlag traf das Indurain-Team. Mit dem Spanier Carmelo Miranda fiel einer der besten Bergfahrer dieses Teams aus. Riis, Ullrich, Zabel und die anderen Fahrer des Telekom-Teams hielten sich in guten vorderen Positionen.

Ergebnis 4. Etappe = 232 km, Schnitt: 40,485 km/h

Rang	Fahrer	Nat.	Team	Zeit Std
1	Saugrain	FRA	Auber-villiers	5:43:50
2	Nelissen	HOL	Rabobank	
3	Jaermann	SUI	MG	
4	Heulot	FRA	Gan	
5	Piccoli	ITA	Brescialat	alle zeit-gleich
6	Camin	ITA	Brescialat	5:48:23

Die fünfte Etappe führte über 242 Kilometer nach Besançon am Doubs. Es war ein wenig spektakulärer Rennverlauf, den die zu Tausenden an der Strecke jubelnden Zuschauer und die Millionen vor den Fernsehschirmen in ganz Europa zu sehen bekamen. Einzig die Alleineinfahrt des Italieners Giuseppe Calcaterra, die rund 40 Kilometer vor dem Ziel begann, brachte ein wenig Abwechslung. Als den Fahrern das Zeichen »noch 10 Kilometer« gegeben wurde, hatte das Feld den Ausreißer wieder eingeholt. Nicht zuletzt die beiden Mannschaften Telekom und Gan waren es, die mit gezielter Teamarbeit das Feld vorantrieben. Den Sprint im alt-ehrwürdigen Besançon konnte der Niederländer Blijlevens vor Moncassin und Zabel für sich entscheiden. Da nun die flachen Etappen gefahren waren und es langsam aber sicher schwieriger wurde, verabschiedeten sich die ersten reinen Sprintspezialisten. Mario Cipolli klagte plötzlich über Fieber und Erkältung, und die meisten Fachleute unterstellten ihm eine Dramatisierung seines Zustandes, nur um aussteigen zu können. Der Sprinter Jan Svora-da simulierte bei seinem Ausfall aber nicht, wie die Verletzungen und blauen Flecken verrieten, die er davongetragen hatte. Er war so schwer gestürzt, daß an ein Weiterfahren in der Tour nicht mehr zu denken war.

Jan Ullrich konnte man zu jedem Zeitpunkt des bisherigen Rennverlaufs ganz einfach finden: Man mußte nur nach Bjarne Riis Ausschau halten, von dessen Seite er nur selten wich.

Ergebnis 5. Etappe = 242 km, Schnitt: 49,054 km/h

Rang	Fahrer	Nat.	Team	Zeit Std
1	Blijlevens	HOL	TVM	04:55:53
2	Moncassin	FRA	Gan	
3	Zabel	D	Team Telekom	
4	Traversoni	ITA	Carrera	
5	Abdoushaparov	USB	Refin-Mobil-vetta	
6	Ferrigato	ITA	Roslotto-ZG	alle zeit-gleich

Es war ein Wetter, bei dem man »keinen Hund auf die Straße jagt«, als sich die Tour auf den Weg nach Aix-les-Bains machte. Kälte, Regen, Nebel und Wind wollten weder bei Fahrern noch Betreuern oder Zuschauern eine rechte Stimmung aufkommen lassen. Kurz vor dem Ziel konnte sich der Holländer Boogerd vom Feld lösen und einen Sieben-Sekunden-Vorsprung ins Ziel retten. Erik Zabel gewann den Spurt des nachfolgenden Feldes und wurde Zweiter.

Heulot konnte das Gelbe Trikot behalten, und das Team Telekom blieb weiterhin auf aussichtsreichen Plätzen im Vorderfeld.

Ergebnis 6. Etappe = 207 km, Schnitt: 40,588 km/h

Rang	Fahrer	Nat.	Team	Zeit Std
1	Boogerd	HOL	Rabobank	05:05:38
2	Zabel	D	Team Telekom	
3	Jalabert	FRA	Once	
4	Tschmil	UKR	Lotto-Isoglas	
5	Baldato	ITA	MG	
6	Skibby	DAN	TVM	alle zeit-gleich

»Endlich geht die Tour richtig los!« »Endlich Berge!« So oder ähnlich stöhnten die meisten Beteiligten erleichtert auf, als es auf die 7. Etappe nach Les Arcs ging. Die Berge sind schließlich das Salz in der Toursuppe. Dort wird das berühmteste Radrennen der Welt entschieden. In den Bergetappen wird aus einem normalen Radrennen jenes Drama, das man oft als »Tour der Leiden« bezeichnet, wenn es erst einmal beendet ist. In den Serpentinen wachsen Männer über sich hinaus, werden zu Idolen oder dramatischen Figuren im Kampf um das berühmteste Trikot der Welt. Bereits beim ersten Anstieg zum Col de la Madelaine löste sich das Feld in verschieden große Gruppen auf. Drei Ausreißer, darunter auch Udo Bölts vom Telekom-Team, machten sich auf und davon, gefolgt von einer größeren Gruppe mit den eigentlichen Favoriten. Als ersten aus dem Kader der Sieganwärter erwischte es

Ergebnis 7. Etappe = 199 km, Schnitt: 34,545 km/h

Rang	Fahrer	Nat.	Team	Zeit Std
1	Leblanc	FRA	Polti	05:47:22
2	Rominger	SUI	Mapei	05:48:09
3	Luttenberger	AUT	Carrera	05:48:14
4	Virenque	FRA	Festina	
5	Dufaux	SUI	Festina	
6	Olano	ESP	Mapei	alle zeit-gleich

Laurent Jalabert. Nach einem Schwächeanfall kann er den davon-ziehenden Kollegen nur enttäuscht nachschauen. Seine Siegchan-cen sind dahin. Auch Jan Ullrich fährt in der Verfolgergruppe mit, ebenso Riis, Zülle, Virenque, Rominger und Indurain. Zülle schien sehr nervös, zweimal stürzte er vom Rad und mußte mit leichteren Blessuren weiterfahren.

Einen äußerst tragischen Moment durchlebte der Belgier Bruy-neel: Bei der Abfahrt vom Cormet de Roselend kommt er in einer Kurve von der Straße ab, verfehlt eine Schutzmauer und stürzt in einen Abhang. Zu seinem Glück hält ein Busch den wei-teren Sturz in die Tiefe auf. Noch unter Schock kletterte er wie-der nach oben und fährt auf einem Ersatzrad weiter.

Unterdessen hatte sich Udo Bölts gelöst und versuchte alleine das Ziel zu erreichen. Rund 60 Kilometer lang sah es auch danach aus, dann kamen die Verfolger wieder heran. Für den bis dahin führenden Heulot war das Tempo zu hoch, er gab völlig entkräftet auf. Dann gelang es Dufaux, den zu diesem Zeitpunkt führenden Gölz zu überholen, doch konnte auch er sich nicht bis ins Ziel ret-ten und wurde noch von Leblanc abgefangen, der die Etappe für sich entscheiden konnte. Das Gelbe Trikot ging am Ende dieser Etappe an den Russen Evgeni Berzin.

Ein weiterer Favorit konnte an diesem Tag ebenfalls die Segel streichen: Der große Miguel Indurain mußte auf den letzten Kilometern alle Mitfavoriten vorbeiziehen lassen und verlor auf den Sieger dieser Etappe mehr als vier Minuten. So sanken seine Siegeschancen auf ein Minimum herab.

Eine positive Überraschung bot Jan Ullrich. In glänzender Fahrt erreichte er das Etappenziel als neunter und führte nun die Nachwuchswertung vor dem Österreicher Luttenberger an.

Mit der 8. Etappe stand das Bergzeitfahren auf dem Tourplan, und Berzin konnte seinen Vorsprung weiter ausbauen. Einige Medien sahen in ihm bereits den großen Sieger, doch das war noch ein wenig früh. Bjarne Riis verlor nur ganze 35 Sekunden und wahrte weiter seine Chance auf den Gesamtsieg. Auch der Spanier Olano rechnete sich noch berechtigte Siegchancen aus. Für Indurain schienen aber nun alle realen Möglichkeiten, doch noch den sechsten Sieg heimzufahren, zu entschwinden. Sein Rückstand wuchs auf knapp fünf Minuten an.

Ergebnis 8. Etappe = 30,5 km, Bergzeitfahren

Rang	Fahrer	Nat.	Team	Zeit Std
1	Berzin	RUS	Gewiss	00:51:53
2	Riis	DAN	Team Telekom	+ 00:00:35
3	Olano	ESP	Mapei	+ 00:00:45
4	Indurain	ESP	Banesto	+ 00:01:01
5	Rominger	SUI	M apei	+ 00:01:01
6	Ullrich	D	Team Telekom	+ 00:01:07

Immer besser in Tritt kam auch Jan Ullrich. Seine gute Leistung beim Bergzeitfahren brachte ihn auf den 5. Rang im Gesamtklassement nach vorne und bewies, daß er nicht nur ein reiner Sprinter war, sondern bereits in jungen Jahren zu einem echten Allroundtalent heranwuchs. Auch die internationalen Medienschaffenden begannen sich langsam immer mehr für den unbekümmert auftretenden jungen Deutschen zu interessieren, der wie ein Lausbub auf dem Rad saß und bereits wie ein ganz alter Tourfuchs in die Pedale trat.

Ursprünglich war von den Tourveranstaltern geplant, den Col de l'Iseran, den man wegen seiner Höhe auch das »Dach der Tour de France« nennt, zu überqueren, doch schneidender Wind und Schneefall machten es unmöglich, auf 2770 m Höhe eine Bergetappe zu fahren. So verzichtete die Rennleitung auf diese höchste Anforderung an Mensch und Material. Die Etappe wurde auf 46 Kilometer verkürzt und in niedrigeren Regionen der Alpen gefahren. Bjarne Riis, der Kapitän des Telekom-Teams, sah hier seine Chance und versuchte es kurz nach dem Start mit einem Alleingang, den er mit seinem bärenstarken Antritt auch bis zum Ziel durchziehen konnte. Zwar setzten die noch in der Verfolgergruppe verbliebenen Stars wie Indurain, Virenque, Leblanc und Rominger alles daran, den Ausreißer wieder einzuholen, doch Riis war an diesem Tag einfach zu stark für seine Verfolger und konnte im italienischen Sestriere zur Freude des gesamten Telekom-Teams endlich das Gelbe Trikot überstreifen. In seinem Heimatland Dänemark lagen sich an diesem Tag Tausende in den Armen, und in der Chefetage der Deutschen Telekom sah man den nun folgenden TV-Übertragungen mit größerem Interesse entgegen, würden sie doch ab sofort ständig das Telekom-Logo in die europäischen Haushalte tragen.

Aber nicht nur Kapitän Riis hatte einen guten Tag erwischt, das gesamte Team zeigte seine Stärke: Bergspezialist Udo Bölts fuhr auf den 6. und Jan Ullrich auf den 8. Platz dieser Etappe. Jetzt lag das Telekom-Team auch in der Mannschaftswertung ganz vorne, und Ullrich konnte seinen 5. Platz in der Gesamtwertung verteidigen. Nun wurden auch die ansonsten nicht so sehr an der Tour de France interessierten deutschen Medien wach, denn die kommenden Tage ließen zumindest auf weitere deutsche Teilerfolge hoffen.

Ergebnis 9. Etappe = 46 km, Schnitt: 38,873 km/h

Rang	Fahrer	Nat.	Team	Zeit Std
1	Riis	DAN	Team Telekom	01:10:44
2	Leblanc	FRA	Polti	+00:00:24
3	Virenque	FRA	Festina	+00:00:26
4	Rominger	SUI	Mapei	+00:00:28
5	In durain	ESP	Banesto	+00:00:28
6	Bölts	D	Team Telekom	+00:00:41
7	Escartin	ESP	Kelme	+00:00:42
8	Ullrich	D	Team Telekom	+00:00:44

Am 9. Juli ging es von Italien wieder nach Frankreich zurück. Nach 208,5 Kilometern stand Gap als Ziel auf dem Tourprogramm. Alle Teilnehmer dachten wohl bereits daran, daß am nächsten Tag nicht gefahren wurde, denn der einzige Ruhetag zur Tourmitte stand bevor, und so gaben sie noch einmal alles. Immer wieder gab es Ausreißversuche und Gegenattacken. Endlich gelang es dem Dänen Sorensen, einige Meter davonzueilen. Cenghialta konnte ihm auf den letzten Kilometern noch einmal etwas näher kommen, und der Däne hielt dagegen. Er hatte es beinahe geschafft, doch etwa 400 Meter vor dem Ziel holte ihn das von Alex Zülle angeführte Feld ein, und die letzten Meter gehörten den Sprintspezialisten. Hier konnte Erik Zabel seine Extraklasse beweisen. Er zog seinen kraftvollen Sprint in gewohnter Weise durch und verwies den Usbeken Abdoushaparov und den Italiener Ferrigato auf die Plätze. Dieser Sieg brachte ihm erstmals in diesem Jahr das Grüne Trikot, Bjarne Riis verteidigte das Gelbe und das Team Telekom behielt den ersten Platz in der Mannschaftswertung. »Die Tour wird deutsch« charakterisierte

ein französischer Reporter etwas neidisch das tolle Ergebnis des Telekom-Teams.

Ergebnis
10. Etappe = 208,5 km, Schnitt: 40,617 km/h

Rang	Fahrer	Nat.	Team	Zeit Std
1	Zabel	D	Team Telekom	5:08:10
2	Abdoushaparov	USB	Refin-Mobil-vetta	
3	Ferrigato	ITA	Roslotto-ZG	beide zeit-gleich

Nach dem Ruhetag hatte der Touralltag die Teilnehmer am 11. Juli wieder eingeholt. Von Gap ging es über 202 Kilometer nach Valence. Am meisten hatte das Feld auf dieser Etappe mit den überaus schlechten Straßenverhältnissen zu kämpfen, die immer wieder zu technischen Problemen an den Rädern führten. So schlug der Defektteufel u. a. bei Toni Rominger und Peter Luttenberger, aber auch bei Erik Zabel zu.

Gegen Ende der Etappe gelang es dann einer achtköpfigen Gruppe, sich vom Feld zu lösen. In einem spannenden Finish konnte der Kolumbianer Fernandez Gines seinen Mitkämpfern entwischen und seinen ersten Etappensieg feiern.

Das Team Telekom hatte während der gesamten Etappe gut gearbeitet und gegen die Ausreißer nichts unternommen, da sich in der achtköpfigen Gruppe keiner der Favoriten befand. So beließen es die Mannen um Riis und Ullrich dabei, das Feld zu kontrollieren. Erik Zabel konnte dann den Sprint des Feldes im Ziel für sich entscheiden und wurde Etappenneunter. Dadurch baute er seinen Vorsprung in der Wertung für das Grüne Trikot weiter aus. Sonst gab es keine gravierenden Veränderungen im Gesamtklassement.

Ergebnis
11. Etappe = 202 km, Schnitt: 39,223 km/h

Rang	Fahrer	Nat.	Team	Zeit Std
1	Gonzalez	KOL	Kelme	5:09:12
2	Gines	ESP	Mapei	
3	Elli	ITA	MG	beide zeit-gleich

Ergebnis
12. Etappe = 143,5 km, Schnitt: 41,196 km/h

Rang	Fahrer	Nat.	Team	Zeit Std
1	Richard	SUI	MG	3:29:19
2	Gualdi	ITA	Polti	
3	Skibby	DAN	TVM	beide zeit-gleich

Von Valence führte die Tourroute am 12. Juli über 143,5 Kilometer nach Le Puy. Es ergab sich ein ähnliches Bild wie am Vortag. Wieder konnten einige Fahrer dem Feld entwischen, da aber keiner der Pedaleure aus den vorderen Wertungsrängen dabei war, nahm der Rest des Feldes, vom Team Telekom kontrolliert, es so hin. Die Ausreißer konnten teilweise einen Vorsprung von mehr als einer Viertelstunde herausfahren. Besonders clever verhielt sich dabei der Schweizer Pascal Richard. Er schonte seine Kräfte in der Ausreißergruppe, hielt sich stets etwas zurück, leistete keine kraftzehrende Führungsarbeit und überraschte seine Mitstreiter dann kurz vor dem Ziel mit einem fulminanten Antritt. So kam er zum ersten Etappensieg seines Lebens bei einer Tour de France. Den Sprint des Hauptfeldes gewann erneut Erik Zabel und schob sich so auf den zehnten Rang in der Gesamtwertung vor. Im übrigen blieb alles mehr oder weniger beim alten. Riis fuhr weiter im Gelben Trikot und Ullrich blieb auf Rang fünf.

Von Le Puy nach Sancy führten zahlreiche der 177 Kilometer durch verwinkelte Gassen und schmale, unübersichtliche Straßenabschnitte, ein ideales Feld für Ausreißversuche jeglicher Art. Beim Team Telekom war man gewarnt, denn das Gelbe Trikot für Riis stand auf dem Spiel. Damit aus der 13. Etappe keine Unglücketappe wurde, mußte man also hochkonzentriert ans Werk gehen. Der alte Tourhase Indurain versuchte dann auch einen Überraschungsangriff, der ihm beinahe gelungen wäre, wenn – ja wenn nicht der Defektteufel in Form einer Reifenpanne zugeschlagen hätte. So blieb alles beim alten. Es durften wieder einmal die Leute um den Gewinn einer Etappe streiten, die mit dem Gesamtsieg nicht mehr viel zu tun hatten. So kam der Däne Sorensen vor Rodriguez zu diesem Etappensieg. Dahinter erkämpften sich Virenque und Leblanc die Plätze, konnten aber nur wenige Sekunden auf Riis gutmachen, der mit den anderen Favoriten 23 Sekunden nach dem Sieger die Ziellinie überquerte.

Jan Ullrich kam mit einem Rückstand von 51 Sekunden in Sancy an und lag weiter vor seinem Teamkameraden Bölts. Der Pechvogel des Tages aus deutscher Sicht war Erik Zabel. Ein Sturz warf ihn um mehr als 14 Minuten zurück und er fiel auf den 86. Platz in der Gesamtwertung ab.

Ergebnis 13. Etappe = 177 km, Schnitt: 44,080 km/h

Rang	Fahrer	Nat.	Team	Zeit Std
1	Sorensen	DAN	Rabobank	04:03:55
2	Rodriguez	POR	Ban esto	+00:00:02
3	Virenque	FRA	Festina	+00:00:02

Tulle hieß das Etappenziel des in Frankreich »Pelon« genannten Feldes der Fahrer. Vor ihnen lagen beim Start 186,5 Kilometer mit einigen kleineren Buckeln. Es war die Etappe des Usbeken Abdoushaparav. »Abdu«, wie ihn seine Kameraden rufen, setzte sich zu Beginn des letzten Etappendrittels von den anderen ab. Ihm folgten Gualdi, Madouas, Rous und Hamburger. Diese Fünfergruppe fuhr unaufhaltsam dem Ziel entgegen. Dann zog Abdu das Tempo noch einmal an. Diesmal konnte ihn niemand halten, und er fuhr den Etappensieg ein.

Den Sprint des Feldes konnte wieder einmal Erik Zabel für sich entscheiden. Riis mußte erkennen, daß er bei den noch ausstehenden Etappen nun mit stärkeren Gegnern zu rechnen hatte, denn die beiden Mannschaften von Indurain und Rominger begannen zusammenzuarbeiten. Für die kommenden Bergetappen war das Team Telekom nun vorgewarnt.

Ergebnis
14. Etappe = 186,5 km, Schnitt: 45,480 km/h

Rang	Fahrer	Nat.	Team	Zeit Std
1	Abdouhaspa-rov	USB	Refin-Mobil-vetta	04:06:29
2	Gualdi	ITA	Polti	+00:00:07
3	Madouas	FRAU	Motorola	+00:00:09

Von Brive-la-Gaillarde ging es am 15. Juli durch das Perigord nach Villeneuve-sur-Lot. Immer näher kamen nun die Pyrenäen. Bereits nach 30 Kilometern konnten sich sechs Fahrer auf und davon machen. Da kein in der Wertung vorne Liegender unter ihnen war, unternahm das Feld keine besonderen Aktivitäten, um den Anschluß rasch wiederherzustellen. Anscheinend waren die Favoriten und die Bergspezialisten in Gedanken bereits bei den beiden so wichtigen Etappen in den Pyrenäen. So konnte die kleine Gruppe vorne ungestört weiterfahren und den Etappensieg unter sich ausmachen. Der Italiener Podenzana gewann vor seinem Landsmann Guerini und dem Belgier Van Petegem. Erik Zabel wurde Dritter im Spurt des Hauptfeldes. In den Wertungs-rängen gab es keine nennenswerten Veränderungen.

Ergebnis
15. Etappe = 176 km, Schnitt: 44,936 km/h

Rang	Fahrer	Nat.	Team	Zeit Std
1	Podenzana	ITA	Carrera	03:54:52
2	Guerini	ITA	Polti	+00:00:37
3	Van Petegem	BEL	TVM	+00:00:50

Die 16. Etappe führte nach Lourdes Hautacam und wies im letz-ten Abschnitt eine Bergwertung der Kategorie »Hors«, also höch-ster Wertung aus. Dort sollten die ersten wichtigen Vorentschei-dungen fallen. Während dieser Etappe zeigte der Däne Riis, was in diesem Jahr in ihm steckte: Er ging diesen letzten Anstieg so fulminant an, daß ihm kein anderer Fahrer folgen konnte. Viren-que und Dufaux versuchten alles, mußten sich aber mit 49 Sekun-den Rückstand geschlagen geben. Dies war für die Fachleute die wohl wichtigste Entscheidung der Tour. Wer sollte den bärenstar-ken Dänen jetzt noch bis Paris schlagen?

Eine weitere Entscheidung war bereits rund sechs Kilometer vor dem Etappenziel gefallen: Der große Tourstar Indurain konn-te das Tempo der anderen nicht mehr mithalten und fiel immer weiter zurück. Es war sein 32. Geburtstag, der ihm diesmal kein Glück brachte. Damit waren für den Basken wohl die allerletzten Siegchancen dahin.

Auch für den bis dahin so starken Berzin brachte die 16. Etappe kein Glück. Er verlor knapp 3 Minuten auf Riis. So hießen die beiden stärksten Verfolger des Dänen in Telekom-Diensten an jenem Tag Abraham Olano mit einem Rückstand von 2:42 Minuten und Toni Rominger mit 2:54 Minuten. Erik Zabel konnte unterdessen seine Führung in der Wertung um das Grüne

Trikot weiter ausbauen, und Jan Ullrich fuhr zur Freude der deutschen Fans auf den vierten Platz der Gesamtwertung vor.

Ergebnis
16. Etappe = 199 km, Schnitt: 40,337 km/h

Rang	Fahrer	Nat.	Team	Zeit Std
1	Riis	DAN	Team Telekom	04:56:16
2	Virenque	FRA	Festina	+00:00:49
3	Dufaux	SUI	Festina	+00:00:49

Die »Todesetappe« der 83. Tour führte über sieben Pyrenäen-Berge hinweg bis hin in das spanische Stierkampfzentrum Pamplona. Auf dieser Strecke trennten die schweren Anstiege und die brütende Hitze bald die Spreu vom Weizen. Nach dem ersten Renndrittel fuhr eine vierzehnköpfige Gruppe dem Pelon davon, in der sich auch Riis und Ullrich befanden. Am Port de Larrau, einem Berg der höchsten Kategorie, waren es dann nur noch acht tapfere Fahrer, die sich abmühten, das Ziel als erste zu erreichen. Bis auf rund 8,5 Minuten wuchs der Vorsprung in der Gluthitze, und die beiden Telekom-Fahrer Riis und Ullrich zeigten, wie man eine Gruppe im Griff haben kann, wenn es »um die Wurst« geht. Ullrich fuhr ein hervorragendes Rennen und sekundierte seinem Teamkapitän in allen Belangen. Diese ausgezeichnete Teamarbeit rief bei den meisten anderen Mannschaften größten Respekt hervor.

Als Miguel Indurain am Haus seiner Eltern in Villava-Atarrabia vorbeifuhr, hatten Ullrich, Riis und die anderen Fahrer der Führungsgruppe bereits rund 8 Minuten Vorsprung. Selbst den immer an ihren Sohn glaubenden Eltern Indurain mußte klar sein, daß es in diesem Jahr mit einem Sieg ihres Sohnes bei der Tour de France nichts mehr werden konnte.

Als sie sich der Fünf-Kilometer-Marke näherten und sicher bereits mit den Gedanken bei der Einfahrt nach Pamplona waren, zog der Schweizer Dufaux mit starkem Antritt los. Ullrich paßte einen Moment nicht auf, ebenso seine Mitstreiter um den Sieg, einzig Bjarne Riis reagierte richtig und hängte sich an Dufaux, hinter dem er dann die Ziellinie überquerte und noch einmal unterstrich, daß es in diesem Jahr nur einen Tour-König geben konnte, und der kam erstmals aus Dänemark.

Ullrich kam als vierter hinter Virenque in Pamplona an, hatte sich durch diese furiose Fahrt aber auf den zweiten Platz der Gesamtwertung nach vorne gefahren, die durch dieses Etappenergebnis gehörig durcheinander gewirbelt wurde. Am schlimmsten hatte es sicherlich Berzin erwischt, der noch vor einigen Tagen als stärkster Konkurrent für Riis gehandelt worden war: Er kam mit mehr als 33 Minuten Rückstand völlig erschöpft am Ziel an.

Eine sportlich faire und menschlich große Geste brachte Bjarne Riis dem großen Verlierer Indurain entgegen. Bei der obligatorischen Etappenehrung als Träger des Gelben Trikot bat er völlig überraschend den geschlagenen Indurain auf das Siegerpodest, gab ihm die Hand und überreichte ihm einen Blumenstrauß. Wenigstens eine kleine Ehrung für den Basken in seinem Heimatland, die ihn aber kaum über seine tiefe Enttäuschung ob seines schlechten Abschneidens hinwegtrösten konnte.

Ergebnis
17. Etappe = 262 km, Schnitt: 36,803 km/h

Rang	Fahrer	Nat.	Team	Zeit Std
1	Dufaux	SUI	Festina	07:07:08
2	Riis	DAN	Team Tele-kom	zeitgleich
3	Virenque	FRA	Festina	+00:00:02
4	Ullrich	D	Team Telekom	+00:00:20
5	Leblanc	FRA	Polti	zeit-gleich

Die »Tour-Toreros« verließen Pamplona am Morgen des 18. Juli wieder, um sich auf den Weg zurück nach Frankreich zu machen. Hendaye hieß das 154,5 Kilometer entfernte Ziel. So manchem Fahrrad-Matador steckten noch die Strapazen der Pyrenäen in den Knochen und Gelenken, so hielten sich die Fahrer auf den vorderen Plätzen der Gesamtwertung etwas zurück und überließen den Kampf um den Etappensieg diesmal dem »zweiten Glied«, wenn es so etwas bei der Tour de France überhaupt gibt. Nach etwa der halben Strecke setzte sich eine Gruppe von 14 Fahrern ab, die bis Hendaye einen Vorsprung von nahezu 17 Minuten herausfahren konnte. In dieser Gruppe befand sich auch der Telekom-Fahrer Christian Henn, der endlich auch mal seine Stunde gekommen sah. Knapp zehn Kilometer vor dem Ziel zog er zu einem langen Spurt an. Nur der Niederländer Bart Voskamp konnte sein Tempo mithalten und schaffte es, den Deutschen noch auf der Zielgeraden abzufangen und zu überholen. So wurde Henn Etappenzweiter.

Erik Zabel konnte sich wieder einmal beim Spurt des Hauptfeldes durchsetzen und wurde bei dieser Etappe fünfzehnter.

Zu Beginn der Etappe wurde eine Gedenkminute eingelegt. Auf den Tag genau ein Jahr zuvor stürzte der Italiener Fabio Casartelli bei einer Abfahrt in den Pyrenäen und zog sich, er fuhr zu jenem Zeitpunkt ohne schützenden Helm, so starke Kopfverletzungen zu, daß er daran verstarb. Dies mag auch ein Grund dafür gewesen sein, daß auf dieser Etappe keine richtige Tourstimmung aufkommen wollte.

Ergebnis
18. Etappe = 154,5 km, Schnitt: 36,927 km/h

Rang	Fahrer	Nat.	Team	Zeit Std
1	Voskamp	HOL	TVM	04:11:02
2	Henn	D	Team Telekom	+00:00:02
3	Elli	ITA	MG	+00:00:27

Die 19. Etappe führte die Teilnehmer der Tour de France dann nach Bordeaux, der Stadt an der Garonne, die bereits im 3. Jahrhundert v. Chr. gegründet wurde. Der Kräfteverzehr der vergangenen 17 Etappen forderte seinen Zoll, und es war niemand mehr wirklich in der Lage, einen erfolgversprechenden Ausreißversuch zu starten. So radelte das Feld großteils geschlossen die 226,5 Kilometer bis Bordeaux, und es kam zu einem Massensprint, bei dem wieder einmal Erik Zabel ganz vorne anzutreffen war. Nur um eine halbe Radbreite wurde er von Frederic Moncassin geschlagen und auf den zweiten Platz verwiesen. Dies reichte aber aus, um das Grüne Trikot erfolgreich zu verteidigen. Er mußte nur noch heil nach Paris kommen. So sah es auch für Bjarne Riis aus, den Tourkönig der 83. Tour de France.

Ergebnis
19. Etappe = 226,5 km, Schnitt: 41,815 km/h

Rang	Fahrer	Nat.	Team	Zeit Std
1	Voskamp	HOL	TVM	04:11:02
2	Henn	D	Team Telekom	+00:00:02
3	Elli	ITA	MG	+00:00:27

Die vorletzte Etappe brachte am 20. Juli das schwerste Einzelfahren der gesamten 96er Tour. Eine mörderische Hitze verlangte das Letzte von allen Teilnehmern. Das war die Stunde des jungen Deutschen, den die Franzosen wegen seiner Jugend und der Verbände, die er nach einem Sturz auf der 11. Etappe am Verpflegungspunkt in Die tragen mußte, liebevoll »Die Windel« nannten: Jan Ullrich. In beeindruckender Fahrt distanzierte er auf den 63,5 Kilometern seine Konkurrenten und nahm dem Zweiten, immerhin der wiedererstarkte Miguel Indurain, fast eine Minute ab, den Sprintspezialisten Olano und Riis sogar mehr als zwei Minuten. Das war der erste Etappensieg des Rostockers in seiner noch jungen Tourlaufbahn, der bis dahin nie an sich selbst, sondern stets an seine Aufgabe gedacht hatte, die da hieß: Fahre für den Sieg von Riis und die Mannschaftswertung! Die Zuschauer an der Strecke feuerten ihn frenetisch an, gleich welcher Nationalität sie angehörten, und der junge Mann genoß es sichtlich.

Ergebnis
20. Etappe = 63,5 km, Einzelzeitfahren

Rang	Fahrer	Nat.	Team	Zeit Std
1	Ullrich	D	Team Telekom	01:15.11
2	Indurain	ESP	Banesto	+00:00:56
3	Olano	ESP	Mapei	+00:02:06
4	Riis	DAN	Team Telekom	+00:02:18
5	Dufaux	SUI	Festina	+00:02:19

Dann war es endlich soweit. Die letzte Etappe von Palaiseau nach Paris hinein stand an, und sowohl Fahrer und Betreuer als auch Offizielle und Fans fieberten der Zielankunft entgegen. Endlich würden die Strapazen beendet sein. Niemand wollte auf der letzten Etappe mehr größere Risiken eingehen, und so kam es zur erwarteten Massenankunft des Feldes und dem dazugehörigen Sprint auf den Champs-Élysées. Der Italiener Baldato setzte sich diesmal durch, Erik Zabel, wie immer bei einem Massenspurt ganz vorne, überquerte die Ziellinie als fünfter und hatte das Grüne Trikot sicher. Riis und Ullrich fuhren die Tour ruhig zu Ende und konnten sich beide nach der Zieldurchfahrt über die Maßen freuen: Riis hatte die Gesamtwertung gewonnen, Ullrich war für alle völlig überraschend Zweiter geworden und Sieger der Nachwuchswertung, bei der alle Fahrer der U23 gewertet werden, und das bei seiner ersten Tourteilnahme. Es gab zahlreiche Fachleute, die sich einig in der Meinung waren, daß ein Ullrich-Sieg bei der

96er Tour möglich gewesen wäre, wenn er sich nicht völlig auf den Sieg von Riis konzentriert hätte, doch dies war reine Spekulation. Seine Aufgabe im Team war die bedingungslose Unterstützung für den Sieg des Bjarne Riis, dafür bekam er in jenem Jahr sein Gehalt, und die hatte er bravourös gelöst.

Ergebnis
21. Etappe = 139,5 km, Schlußetappe

Rang	Fahrer	Nat.	Team	Zeit Std
1	Baldato	ITA	MG	03:30:44
2	Moncassin	FRA	Gan	
3	Blijlevens	HOL	TVM	
4	Abdoujaparov	USB	Refin	
5	Zabel	D	Team Telekom	alle zeitgleich

Zum ersten Mal konnte sich 1996 ein Däne als Sieger in die Annalen der Tour de France eintragen. Bjarne Riis konnte dabei den fünffachen Tour-König Miguel Indurain entthronen und benötigte dafür eine reine Fahrzeit von 95 Stunden, 57 Minuten und 16 Sekunden für insgesamt 3835 Kilometer.

Völlig überraschend konnte sich der junge Deutsche Jan Ullrich bei seiner allerersten Tourteilnahme den zweiten Platz sichern. Außerdem wurde er bester Nachwuchsfahrer und konnte einen Etappensieg auf seinem persönlichen Konto verbuchen. Sein Sieg auf der 20. Etappe, als er die Weltelite der Zeitfahrer schlagen konnte, wurde von der gesamten Fachwelt als sensationell eingestuft, und man war sich einig, daß dieser junge Mann in den kommenden Jahren noch viel Stoff für Siegerartikel liefern würde. Dabei hatte es nicht immer so gut für ihn ausgesehen. Während der 14. Etappe wollte er sogar aufgeben, da er von dauernden Schmerzen geplagt wurde. Beim Sturz drei Tage zuvor hatte er sich die Hüfte geprellt. »Diese Etappe hätte keine fünf

Minuten länger dauern dürfen«, erklärte er später den verdutzten Journalisten und brachte so zum Ausdruck, wie sehr er sich hatte durchbeißen müssen, doch der Erfolg entlohnte ihn reichlich für die überstandenen Qualen.

Doch neben Riis und Ullrich seien auch die anderen Fahrer des Telekom-Teams nicht zu vergessen, die zu den Erfolgen der beiden Spitzenfahrer des Teams mit ihrer geschlossenen Mannschaftsleistung einen großen Anteil hatten.

Erik Zabel etwa, der sich das Grüne Trikot des besten Sprinters sichern konnte, oder Udo Bölts, der stets für seinen Mannschaftskapitän zur Stelle war und im Endklassement den 13. Rang belegte. Christian Henn machte mit seiner Sturmfahrt in der 18. Etappe positiv auf sich aufmerksam, und auch Rolf Aldag, Brian Holm und Jens Heppner fügten sich nahtlos in die gute Mannschaftsleistung ein. Einziger Pechvogel war in jenem Jahr Mario Kummer, der schon früh nach einem Sturz aufgeben mußte.

Eine weitaus größere Überraschung als das gute Abschneiden bei der Tour de France sollte das gesamte Telekom-Team bei der Heimreise noch erwarten. Die sonst nicht gerade von strahlenden Empfängen und großen Fanmengen verwöhnten Radsportler wurden von Tausenden jubelnder Menschen am 23. Juli in Bonn empfangen. Mit völlig erstaunter Miene stiegen die Sportler aus dem Bus und wurden von Postminister Wolfgang Bötsch und Landwirtschaftsminister Jochen Borchert sowie weiterer Prominenz auf das herzlichste begrüßt. Die Medien schrieben später über diesen Empfang: »*Postminister sonnte sich im Glück der erfolgreichen Telekom-Radsportler.*«

Vor der Tour de France hatte man seitens der Telekom-Gewaltigen noch an einen möglichen Rückzug aus dem Radsport-Sponsoring gedacht. Dies hätte das sichere Ende des Teams Telekom bedeutet; nun, nach diesen Erfolgen und der Pressewirksamkeit vor allem im eigenen Land, sah die Sache natürlich wieder völlig anders aus.

»*Nichts ist schöner als Erfolg. Ab sofort heißt es Tour de Telekom!*« verkündete Telekom-Vorstandsmitglied Gerd Tenzer und verkündete öffentlich die weitere finanzielle Unterstützung für das Radsport-Team. So schnell kann Erfolg sich positiv auf andere Bereiche auswirken. Erst im nachhinein wird es den Aktiven so richtig bewußt geworden sein, daß sie 1996 nicht nur um sportliche Ehrungen und Siegesprämien gefahren waren, sondern auch um das Weiterbestehen ihres Teams.

Endstand der Gesamtwertung (Gelbes Trikot)

Rang	Fahrer	Nat.	Team	Zeit Std
1	Bjarne Riis	DAN	Team Telekom	95:57:16
2	Jan Ullrich	D	Team Telekom	+00:01,41
3	Richard Virenque	FRA	Festina	+00:04:37
4	Laurent Dufaux	SUI	Festina	+00:05:53
5	Peter Luttenberger	AUT	Carrera	+00:07:07

Endstand Sprinterwertung (Grünes Trikot)

Rang	Fahrer	Nat.	Team	Punkte
1	Erik Zabel	D	Team Telekom	335
2	Frederic Moncassin	FRA	Gan	284
3	Fabio Baldato	ITA	MG	255

Endstand Bergwertung (Gepunktetes Trikot)

Rang	Fahrer	Nat.	Team	Punkte
1	Richard Virenque	FRA	Festina	383
2	Bjarne Riis	DAN	Team Telekom	274
3	Laurent Dufaux	SUI	Festina	176

Endstand Teamwertung

Rang	Team	Zeit Std
1	Festina	287:46:20
2	Team Telekom	+00:15:14
3	Mapei-GB	+00:51:36

Das Telekom-Team 1997

Alle Welt redet spätestens seit dem Gewinn der Mannschaftswertung und dem Einzelsieg des Teamkapitäns Bjarne Riis im Jahre 1996 vom Telekom-Team, das richtig Team Deutsche Telekom heißt. Es war laut Teammanager Walter Godefroot das erste »Wahnsinnsjahr« nach der enttäuschenden Saison 95. Im Herbst des Jahres 1991 hatte der ehemalige belgische Radprofi und erfolgreiche Teamchef, der drei Tage vor dem Start der Tour 97 seinen 54. Geburtstag feierte, die sportliche Leitung beim Team Telekom vom Holländer Hennie Kuiper übernommen. Die ersten Versuche, ein international durchschlagskräftiges Radrennteam aus deutschen Fahrern aufzubauen, waren anfänglich nicht von besonderen Erfolgen gekrönt. Einige Fahrten in die Top-Ten-Ränge größerer Rundfahrten, hin und wieder ein Etappensieg, manchmal ein Sieg bei einem kleineren Ein-Tage-Rennen, so liest sich die Bilanz der ersten Jahre.

Mit Geld war das Team in dieser Aufbauphase auch nicht gerade reichlich ausgestattet, und so war es für die meisten Spitzenfahrer recht uninteressant, in diesem deutschen Team anzuheuern. Weil man in den Frühjahrsrennen oft hinterherfuhr, wurde so manche Qualifikation zur alljährlichen Tour de France eine echte Zitterpartie, doch irgendwie klappte es dann doch noch. Vor allem in dieser Phase behielt der streßgewohnte belgische Teamchef meist die Ruhe. Auch konnte er stets aus seinem großen Fachwissen schöpfen. So auch im Jahre 1992, als sich das Team nicht für die Tour qualifizieren konnte, dann aber doch noch teilnahm. Der Trick war ganz einfach – man muß nur darauf kommen! Durch die Verpflichtung der beiden französischen Brüder Marc und Yvon Madiot »erschlich« man sich eine der heiß begehrten Wildcards und konnte an den Start gehen. Im Folgejahr stand der amtierende Weltcupsieger Olaf Ludwig im Team und sicherte so die Teilnahme, doch zwei Jahre später kam das absolute Tief. 1995 wurde das Team Telekom nicht berücksichtigt. Der Ausschluß von der Tour begann sich wie ein Damoklesschwert über dem deutschen Radsport abzuzeichnen. Dank starker sportpolitischer Tätigkeit kam in letzter Sekunde dann doch noch die Nominierung.

Dieses Jahr kann als Wendejahr in der Geschichte des Teams angesehen werden. Ein Umdenken setzte ein, das die heutigen Erfolge erst ermöglichte. Hatte man sich in den vergangenen Jahren hauptsächlich auf kleinere Einzelerfolge konzentriert und die Etappensiege bei den großen Rundfahrten als wichtig angesehen, mußte nun ein Mann her, der sich dank seiner Kraft und Erfahrung in die Spitzengruppe hineinfahren konnte. Dieser »Mann für alle Fälle« fand sich in der Gestalt des dänischen Haudegens Bjarne Riis. Bereits Ende der 80er Jahre konnte er seine ersten Erfahrungen im Team des dreifachen Tourgewinners Laurent Fignon sammeln, und zu Beginn der 90er Jahre erreichte er das Ziel in Paris einmal als fünfter und dann sogar als dritter.

»Mit Bjarne«, so Teamchef Godefroot, »kam eine völlig neue Moral in die Mannschaft. Er war ein echter Glücksfall für uns.« Er führt meist auch gleich ein Beispiel aus der Praxis an, wenn man ihn nach dem Einstieg des Dänen befragt: »Ich habe den Fahrern immer wieder gesagt, daß sie stärker auf ihre Ernährung achten und fettarm essen sollen. Dann kam Bjarne, trank zum Frühstück Sojamilch und trennte beim Abendessen die Haut fein säuberlich vom Hühnchen. Das hatte eine größere Wirkung als tausend Worte.«

Mit Bjarne Riis kehrte echte Professionalität in das Telekom-Team ein. Jan Ullrich, damals gerade im ersten Jahr Teammitglied, erinnert sich aber auch an den sportlichen Anspruch und die psychischen Folgen, die durch die Verpflichtung des starken Dänen entstanden. »Er hat uns mit seiner Ankündigung, die Tour gewinnen zu wollen, unter Druck gesetzt.« Was gezielter sportlicher

Druck in manchen Fällen bewirken kann, zeigte das Team in den Wochen und Monaten, die dann folgten. Das Team Deutsche Telekom stieg kontinuierlich in die Spitze des internationalen Radsports auf.

Einen ersten echten Höhepunkt erlebte das Team dann bei der Tour de France des Jahres 1996. Bjarne Riis hatte seine Ankündigung aus dem Vorjahr wahr gemacht und die Tour gewonnen, Jan Ullrich konnte ihn dabei mit allen Kräften unterstützen und wurde dafür mit Rang zwei belohnt, und Erik Zabel ging siegreich aus dem Kampf um das Grüne Trikot hervor. Die starke geschlossene Leistung brachte auch noch den zweiten Platz in der Mannschaftswertung, eine triumphale Leistung, die außer den Beteiligten selber wohl vor Beginn der Frankreichrundfahrt kaum jemand für möglich gehalten hatte.

Nachdem die Feierlichkeiten und Ehrungen vorbei waren und wieder Normalität in den Alltag des Telekom-Teams eingetreten war, konnte Godefroot sich mit seinen Mannen an die Planung für das kommende Jahr machen. Bei der Telekom erkannte man rasch die Werbewirksamkeit dieser Truppe und machte neue Gelder frei. Der Jahresetat stieg auf runde 10 Millionen Mark an, und nun wurde das Team auch für internationale Spitzenfahrer interessant, die einige Jahre zuvor nur müde abgewinkt hätten. Giovanni Lombardi, der italienische Sprintspezialist, und der österreichische »Kletterfachmann« für die Bergetappen, Georg Totschnigg, stießen zu Riis, Ullrich, Bölts, Zabel und den anderen und verstärkten das Team für die Tour de France 1997.

Das Team für die Tour de France 1997

Die Fahrer des Team Telekom 1997

Bjarne Riis

Geburtsdatum	3. April 1964 in Herning, Dänemark
Größe	1,87 m
Gewicht	72 kg
Wohnort	Steinsel, Luxemburg
Profi seit	1986
Tour-Ergebnisse	1993 – 5. Platz
	1994 – 14. Platz
	1995 – 3. Platz
	1996 – 1. Sieger
Etappensiege	1993 – 1
	1994 – 1
	1996 – 2
sportliche Erfolge	1989 Etappensieg bei der Tour de l'Avenir
	1989 Etappensieg beim Giro d'Italia
	1990 2 Etappensiege bei der Tour de l'Avenir
	1992 Dänischer Straßenmeister
	1993 Etappensieg beim Giro d'Italia
	1993 Etappensieg bei der Tour de France

1993 Fünfter bei der Tour de France
1994 Etappensieg bei der Tour de France
1995 Dänischer Straßenmeister
1995 Dritter bei der Tour de France
1996 Dänischer Straßenmeister
1996 2 Etappensiege bei der Tour de France
1996 Sieger der Tour de France

Jan Ullrich

Geburtsdatum	2. Dezember 1973 in Rostock
Größe	1,83 m
Gewicht	73 kg
Wohnort	Merdingen, Deutschland
Profi seit	1995
Tour-Ergebnisse	1996 – 2. Platz, bester Newcomer
	1997 – Sieger
Etappensiege	
sportliche Erfolge	1990 DDR-Meister im Punktefahren
	1993 Amateur-Straßenweltmeister
	1993 Sieger Amateur-Weltpokal
	1993 Sieger Bohemia-Rundfahrt
	1993 Sieger Australien-Rundfahrt
	1994 3. Platz Einzelzeitfahren bei der Straßen-WM
	1995 Deutscher Zeitfahrmeister auf 50 km
	1996 Gesamtsieger der Regio Tour
	1996 Etappensieg bei der Tour de France
	1996 Zweiter der Tour de France
	1997 Deutscher Straßenmeister

1997 Dritter der Tour de Suisse
1997 Sieger der Tour de France

Erik Zabel

Geburtsdatum	7. Juli 1970 in Berlin
Größe	1,76 m
Gewicht	69 kg
Wohnort	Unna, Deutschland
Profi seit	1992
Tour-Ergebnisse	1994 – Erste Teilnahme, ohne Ergebnis
	1995 – 90. Platz mit 2 Etappensiegen
	1994 – 82. Platz, Sieger Grünes Trikot
Etappensiege	1995 – 2
	1996 – 2
sportliche Erfolge	1993 Etappensieg Tirreno – Adriatico
	1993 Sieger Berner Rundfahrt
	1994 Sieger Paris – Tours
	1994 Sieger Classic Haribo
	1995 Etappensieg Tirreno – Adriatico
	1995 Etappensieg Aragon-Rundfahrt
	1995 2 Etappensiege Tour de Suisse
	1995 2 Etappensiege Tour de France
	1996 insgesamt 12 Siege

Giovanni Lombardi

Geburtsdatum	20. Juni 1969 in Pavia, Italien
Größe	1,76 m
Gewicht	71 kg
Wohnort	Fiorenzola, Italien
Profi seit	1992
Tour-Ergebnisse	1995 – 103. Platz
Etappensiege	–
sportliche Erfolge	1992 Olympiasieger im Punktefahren
	1993 Etappensieg Midi-Libre
	1993 2 Etappensiege beim Hofbräu-Cup
	1994 2 Etappensiege Tour de Suisse
	1995 Etappensieg Giro d'Italia
	1995 Etappensieg Tour de Suisse
	1996 Etappensieg Apulien-Rundfahrt
	1996 Etappensieg Giro d'Italia
	1996 Etappensieg Holland-Rundfahrt

Georg Totschnig

Geburtsdatum	25. Mai 1971 in Kaltenbach, Österreich
Größe	1,75 m
Gewicht	61 kg
Wohnort	Monte Carlo, Monaco
Profi seit	1994
Tour–Ergebnisse	–
Etappensiege	–
sportliche Erfolge	1994 5. Platz Tour DuPont
	1995 9. Platz Giro d'Italia
	1996 4. Platz Trentino-Rundfahrt

Rolf Aldag

Geburtsdatum	25. August 1968
Größe	1,91 m
Gewicht	75 kg
Wohnort	Ahlen, Deutschland
Profi seit	1991
Tour-Ergebnisse	1993 – 56. Platz
	1994 – 38. Platz
	1995 – 58. Platz
	1996 – 83. Platz
Etappensiege	–
sportliche Erfolge	1991 2 Etappensiege Tour DuPont
	1991 Sieger GP Lausanne
	1991 Sieger Schynberg-Rundfahrt
	1992 Etappensieg Tour DuPont
	1993 Etappensieg Tour de Romandie
	1994 Sieger Hofbräu-Cup
	1995 Etappensieg Tour de Limousin
	1996 Etappensieg Tour de Limousin

Udo Bölts

Geburtsdatum	18. August 1966
Größe	1,79 m
Gewicht	70 kg
Wohnort	Heltersberg, Deutschland
Profi seit	1989
Tour-Ergebnisse	1992 – 35. Platz
	1993 – 25. Platz
	1994 – 9. Platz
	1995 – 38. Platz
	1996 – 14. Platz
Etappensiege	–
sportliche Erfolge	1990 Deutscher Profimeister
	1990 Gesamtsieger Sun Tour
	1992 Etappensieg Baskenlandrundfahrt
	1992 Etappensieg Giro d'Italia
	1994 Etappensieg Sun Tour
	1995 Deutscher Profimeister
	1996 Etappensieg Tour de Suisse
	1996 Etappensieg Castilia-Leon
	1996 Sieger Weltcup San Sebastian

Christian Henn

Geburtsdatum	11. März 1964
Größe	1,82 m
Gewicht	71 kg
Wohnort	Heidelberg, Deutschland
Profi seit	1989
Tour-Ergebnisse	1993 – 87. Platz
	1994 – 106. Platz
	1996 – 76. Platz
Etappensiege	–
sportliche Erfolge	1988 Sieger Rheinland-Pfalz-Rundfahrt
	1988 Olympiade, Bronze Straßenfahren
	1992 Zweiter der Paris-Tours
	1994 Zweiter Deutsche Straßenmeisterschaft
	1994 Sieger Sun Tour
	1995 Etappensieg Spanien-Rundfahrt
	1996 Etappensieg Schwedenrundfahrt
	1996 Deutscher Profimeister

Jens Heppner

Geburtsdatum	23. Dezember 1964
Größe	1,72 m
Gewicht	69 kg
Wohnort	Kelmis, Belgien
Profi seit	1991
Tour-Ergebnisse	1992 – 10. Platz
	1993 – 62. Platz
	1994 – 60. Platz
	1995 – 66. Platz
	1996 – 88. Platz
Etappensiege	–
sportliche Erfolge	1993 Dritter Amstel Gold Race
	1994 deutscher Profimeister
	1994 Sieger Tour de Limousin
	1995 Zweiter Rund um den Henninger Turm
	1995 Etappensieg Tour de Limousin
	1996 Zweiter Rund um den Henninger Turm
	1996 Zweiter Regio-Tour

Der erste deutsche Gewinner der Tour de France: Jan Ullrich bei der Siegerehrung in Paris. © Bongarts

1996 noch Kronprinz: Jan Ullrich wurde zweiter hinter seinem
Teamchef Bjarne Riis. © Bongarts/Marcus Brandt

Oben: Die drei Großen der Tour de France '97: Richard Virenque
(2. Platz), Toursieger Jan Ullrich, Marco Pantani (3. Platz). © Bongarts
Unten: Mutter Marianne Kaatz umarmt ihren Jan überglücklich in
Fribourg. © Bongarts/Rüdiger Fessel

Jan Ullrich in Siegerpose: Dieses Foto ging um die Welt.
© Bongarts/Rüdiger Fessel

Das härteste Radrennen der Welt vor malerischer Kulisse.
© Bongarts/Rüdiger Fessel

Beim Einzelzeitfahren so gut wie unschlagbar – der Tour-König 1997.
© Bongarts/Rüdiger Fessel

Relaxen am Pool nach den Anstrengungen der ersten Etappen.
© Bongarts/Rüdiger Fessel

Ein strahlendes Siegerlächeln: Jan Ullrich in den Telekom-Farben.
© Bongarts/Tobias Heyer

Die zweite Tour
bringt die ersehnte Krone

Am 5. Juli 1997 war es dann soweit: Die 84. Tour de France begann mit dem Prolog im nordfranzösischen Rouen. Über 3 942,5 km führte die Route gegen den Uhrzeigersinn und endete wie üblich in Paris auf den Champs-Élysées. Zweimal mußten die Fahrer ihre Sportgeräte mit anderen Transportmitteln wechseln, um an den nächsten Startort zu gelangen. Erst ging es mit dem Flugzeug von Perpignan nach St.-Étienne, später dann mit dem französischen Hochgeschwindigkeitszug TGV von Dijon in das Vergnügungszentrum Disneyland vor den Toren der französischen Hauptstadt.

Bereits vor dem Beginn der 84. Tour hatte sich die französische Sportzeitschrift »L'Equipe« auf ihren diesjährigen Favoriten festgelegt: Jan Ullrich erhielt in der Bewertung fünf Sternchen, mit denen stets der Topfavorit deklariert wurde. Der junge Deutsche ließ sich von diesen Vorschußlorbeeren aber nicht aus der Ruhe bringen. Wer ihn auch befragte, bekam stets die gleichlautende Antwort: »*Wir sind ein Team, und Bjarne Riis ist unser Kapitän, für den wir alle fahren, auch ich!*«

Erinnerungen an das Vorjahr wurden wach, als Jan in glänzender Weise mit dazu beitrug, den Dänen zum Toursieger zu machen und sich dabei mit dem zweiten Platz zufriedengeben mußte. So titelte die deutsche Sport-BILD auch noch während der ersten Tourwoche: »Jan Ullrich siegt – vielleicht erst nächstes Jahr...« Als das Heft in den Verkaufsstellen erschien, war es eigentlich schon durch die laufenden Ereignisse überholt, denn einen Tag zuvor hatte der Rotschopf mit dem Piratenring von Freundin Gaby im linken Ohr sich in den Pyrenäen das Gelbe Trikot erkämpft; nun war es an Riis, seinen jüngeren Teamkollegen

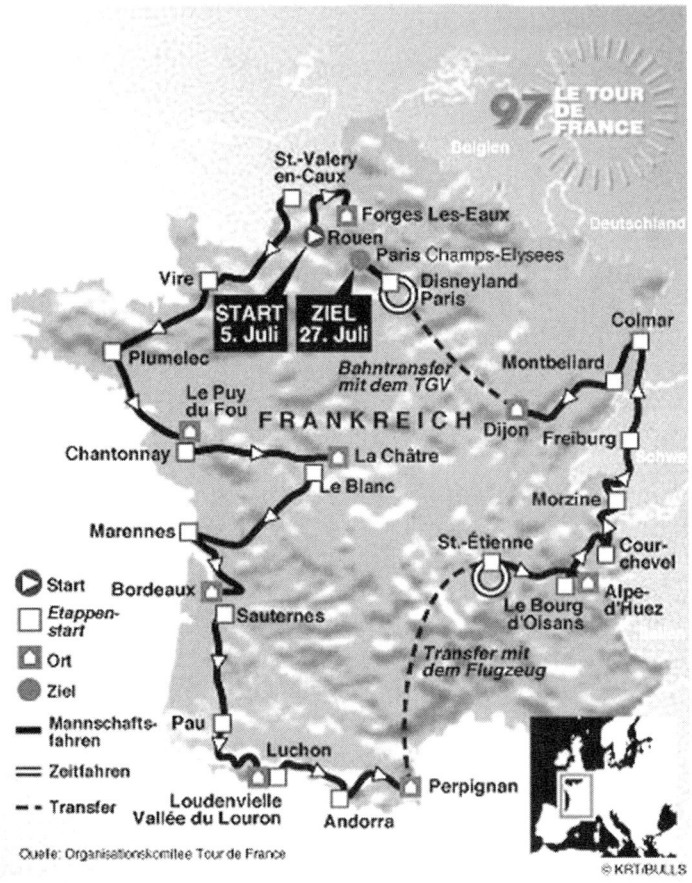

Quelle: Organisationskomitee Tour de France

© KRT/BULLS

zu unterstützen. Doch alles der Reihe nach. Das Tagebuch der 84. Tour liest sich wie folgt:

5. Juli 1997, Prolog: Einzelfahren über 7,3 km

Am 5. Juli traten 198 Spitzenfahrer aus aller Welt zur 84. Tour de France am Startort Rouen an.

Noch vor Beginn des Prologs kam es bereits zum ersten Eklat mit den Offiziellen. Das eigens für das Zeitfahren entwickelte und in Italien gebaute Rennrad, das Jan Ullrich, Bjarne Riis und Abraham Olano einsetzen wollten, wurde von der UCI, dem internationalen Dachverband des Radsports, beanstandet. Zwei kleine, nicht extra genehmigte Verkleidungen am Hinterrad erregten die Gemüter der technischen Kommissare. Daß auch der Brite Chris Boardmann eine ähnliche Konstruktion einsetzte, schien zu jenem Zeitpunkt niemand zu bemerken oder bemerken zu wollen. So mußten die Betroffenen auf andere Räder umsteigen, die man vorsichtshalber immer dabei hatte. Endlich ging es in Rouen, direkt am Ufer der Seine, doch noch mit sportlichen Leistungen los. Am späten Nachmittag jubelte dann bereits das Team Telekom, denn Jan lag zu jenem Zeitpunkt an der Spitze der Zeitentabelle. Seine Klassezeit konnte normalerweise nicht mehr unterboten werden. Die Rennleitung rief bereits per Telefon nach dem jungen Deutschen, der aus dem Hotel zurück in den Zielbereich eilte, um sich das Gelbe Trikot überstreifen zu lassen, doch als er dort ankam, wurde er nicht mehr benötigt. Der Brite Boardman hatte völlig überraschend doch noch die Ullrich-Zeit um 2 Sekunden unterbieten können.

»Wenn mit unseren Rädern etwas nicht stimmte, dann war Boardmans Rad auch nicht korrekt...« grummelte Teamchef Walter Godefroot noch einen Tag später ärgerlich und fügte an: *»Wer weiß — das hat vielleicht die zwei Sekunden ausgemacht...«* An einen Protest dachte er aber nicht, denn der hatte seiner Meinung nach sowieso keinen Sinn. So begann Jan Ullrich die zweite Tour de France seines Lebens, wie er die erste beendet hatte: als zweiter in der Gesamtwertung.

Ergebnis Prolog: Einzelzeitfahren über 7,3 km

Rang	Fahrer	Nat.	Team	Zeit Min
1	Chris Boardmann	GBR	GAN	08:20
2	Jan Ullrich	D	TEL	+00:02
3	Jewgeni Berzin	RUS	BAT	+00:04
13	Bjarne Riis	DAN	TEL	+00:15

6. Juli 1997, 1.Etappe: Rouen – Forges-les-Eaux (FRA), 192 km, Schnitt: 41,145 km/h

Wenn man nach den Prolog-Ergebnissen beim Team Telekom noch einigermaßen mit den erzielten Leistungen zufrieden sein konnte, so sah es in der nun folgenden ersten Etappe gar nicht mehr so freundlich aus. Lief zu Beginn der Etappe alles noch einigermaßen nach Plan, kam es 14 Kilometer vor dem Ziel zu einem Massensturz, in den Bjarne Riis, Christian Henn und Rolf Aldag aus der Telekom-Mannschaft verwickelt waren. Riis verletzte sich an der Wade und verlor so bereits rund eine Minute auf die Spitze. Henn zog sich eine schmerzhafte Rippenprellung zu. Weil die anderen Fahrer des Teams vorne weiterfuhren und sich nicht um ihren gestürzten Kapitän gekümmert hatten, beschwerte dieser sich lauthals über das seiner Meinung nach nicht gerade mannschaftsdienliche Verhalten von Jan Ullrich, Erik Zabel und den anderen. Was er zum Zeitpunkt seines Wutausbruches aber noch nicht wußte: Diese Fahrer kämpften um einen Etappensieg für Sprinter Zabel, der sich dann aber mit dem vierten Rang zufriedengeben mußte. Mario Cipolline setzte sich im Sprint durch und ließ sich jubelnd das Gelbe Trikot überstreifen, das er 1993 bereits einmal getragen hatte. Godefroot hatte diesen Zwischenstand bereits am Start vorausgesagt und so wieder einmal unter Beweis gestellt, daß der Teamchef fast alles über den Radsport weiß. Für Jan Ullrich sah es zu diesem frühen Zeitpunkt der Tour bereits ganz gut aus. Er lag in der Gesamtwertung auf dem dritten Rang.

Ergebnis 1. Etappe = 192 km, Schnitt: 41,145 km/h

Rang	Fahrer	Nat.	Team	Zeit Std
1	Mario Cipollini	ITA	SAE	4:39:59
2	Tom Steels	BEL	MAP	
3	Frederic Moncassin	FRA	GAN	
4	Erik Zabel	D	TEL	
5	Robbie McEwen	AUS	RAB	alle zeitgleich

Gelbes und Grünes Trikot: Mario Cipollini

7. Juli 1997, 2. Etappe: Saint Valery-en-Caux – Vire (FRA), 262 km, Schnitt 40,538 km/h

Die zweite und gleichzeitig längste Etappe der 84. Tour sah einen ersten tragischen Helden. Der Franzose Thierry Gouvenou hatte das Feld wieder an eine dreiköpfige Ausreißergruppe herangeführt, die sich nach etwas mehr als 100 Kilometern davongeschlichen hatte, ehe er selbst einen Ausreißversuch unternahm, der ihn alleine an die Spitze brachte. Rund 110 Kilometer lang fuhr er einsam vorne weg, doch dann holte ihn das Feld wieder ein. Das Team Telekom hatte, zusammen mit dem Team Saeco, nicht zulassen wollen, daß da ein einsamer Streiter den Etappensieg für sich verbuchen wollte. Außerdem hatte man vor, dem deutschen Sprintas Erik Zabel ein Geschenk zu seinem 27. Geburtstag zu machen. Was gibt es da für einen Tourteilnehmer Schöneres als einen Etappensieg? Leider konnte Zabel das Geschenk nicht ganz in Empfang nehmen. Beim »Auspacken« auf den letzten Kilometern erwies sich der führende Italiener Cipollini als Spielverderber. Zabel mußte sich mit dem zweiten Etappenplatz zufriedengeben. Dieser brachte aber weitere Punkte in der Wertung um das Grüne Trikot, die an diesem Tag auch ein gern genommenes Geburtstagsgeschenk waren.

In der Gesamtwertung gab es keine großen Veränderungen.

Ergebnis 2. Etappe = 262 km, Schnitt: 40,538 km/h

Rang	Fahrer	Nat.	Team	Zeit Std
1	Mario Cipollini	ITA	SAE	6:27:47
2	Erik Zabel	D	TEL	
3	Jeroen Blijlevens	HOL	TVM	
4	Frederic Moncassin	FRA	GAN	
5	Sergej Utschakow	UKR	PLT	alle zeit-gleich

8. Juli 1997, 3. Etappe: Vire – Plumelec (FRA), 224 km, Schnitt: 47,036 km/h

Die dritte Etappe führte das Pelon aus der Normandie in die Bretagne. Die schöne Landschaft schien die Akteure zu beflügeln, denn erstmals wurde es eine »nervöse Etappe«, die von zahlreichen Ausreißversuchen und Aufholjagden geprägt war. An den meisten Attacken war der Franzose François Simon beteiligt, der sich dabei aber letztendlich aufrieb, wie man fünf Kilometer vor dem Ziel dann unschwer feststellen konnte, als er leicht zurückfiel. Mit der Markierung für die letzten zwei Kilometer in Sicht begann für die Fahrer die Steigung, die zum Ziel in Plumelec hinaufführte und eigentlich die reinen Sprinter ein wenig benachteiligte. Immer wieder kam es zu einzelnen Sprintversuchen, die sofort wieder abgefangen wurden, dann konnte sich der Belgier Franck Vandenbroucke leicht absetzen, doch in seinem Windschatten hatte Erik Zabel aufgepaßt und konnte folgen. Auf der

Ziellinie stand dann fest: Das Geburtstagsgeschenk für Erik Zabel war doch noch angekommen, wenn auch einen Tag später. Er gewann seine erste Etappe dieser Tour und bekam das Grüne Trikot. Die Presse war voll des Lobes für den Mann aus Unna und das gesamte Telekom-Team. Bjarne Riis hatte sich auf den dritten Platz vorgearbeitet, Jan Ullrich lag ebenfalls im vorderen Feld, und die Mannschaftsleistung konnte als geschlossen angesehen werden.

Zu diesem Zeitpunkt schien alles noch im vorgegebenen Plan bei der Telekom-Mannschaft zu laufen. Riis war für den Sieg vorgesehen, Ullrich sollte nach Möglichkeit den Platz hinter seinem Kapitän belegen und Zabel fuhr auf Grünes-Trikot-Kurs.

Teamchef Godefroot und seine rechte Hand Pevenage erklärten der fragenden Presse nach dieser Etappe immer wieder, daß Jan Ullrich erst für das kommende Jahr als Spitzenfahrer des Teams vorgesehen sei. Was der Betroffene selber von diesen Aussagen hielt, wird wohl für immer sein Geheimnis bleiben, doch an einen Sieg in diesem Jahr glaubte er nach eigenen Aussagen zu jenem Zeitpunkt noch nicht.

Ergebnis 3. Etappe = 224 km, Schnitt: 47,036 km/h

Rang	Fahrer	Nat.	Team	Zeit Std
1	Erik Zabel	D	TEL	4:45:44
2	Franck Vandenbroucke	BEL	MAP	
3	Bjarne Riis	DAN	TEL	
8	Jan Ullrich	D	TEL	alle zeitgleich

Gelbes Trikot: Mario Cipollini, Grünes Trikot: Erik Zabel

9. Juli 1997, 4. Etappe: Plumelec – Le Puy-du-Fou (FRA), 223 km, Schnitt: 38,592 km/h

Bereits im ersten Drittel dieser 4. Etappe ereignete sich ein Unfall, wie er von allen Beteiligten immer wieder befürchtet wird. Eine Zuschauerin stand zu nahe an der Strecke. Der Italiener Fabio Fontanelli stieß mit der Frau zusammen, einige andere Fahrer wurden ebenfalls verwickelt, und das Tempo des Pelons wurde dadurch stark gedrosselt. Die Frau war bewußtlos und mußte ins Krankenhaus gebracht werden. Gott sei Dank trug sie keine bleibenden Schäden davon. Der Spanier verletzte sich so schwer, daß an ein Weiterfahren nicht zu denken war, und auch der Italiener, der es noch einmal versuchte, mußte nach wenigen Minuten einsehen, daß für ihn die Tour ebenfalls beendet war. Natürlich schockt so ein Zwischenfall die Fahrer, und die Geschwindigkeit sank weiter. Dies nutzte Philippe Gaumont. Sein Vorsprung wuchs rasch bis auf etwas mehr als elf Minuten an, ehe das Team Telekom zum Halali blies und zusammen mit dem Mapei-Team diesen Vorsprung wieder egalisierte. Einige Kilometer vor dem Ziel rissen noch einmal drei Fahrer aus, konnten aber ebenfalls wieder abgefangen werden. So kam es zu einem Massensprint, den der Italiener Nicola Minali vor Frederic Moncassin und Erik Zabel gewann, der vor dem Träger des Gelben Trikots, Mario Cipollini die Ziellinie überquerte.

Nach dieser Etappe hatte sich Zabel zum besten deutschen Fahrer gemausert und lag mit nur vier Sekunden Rückstand hinter Cipollini auf dem zweiten Rang der Gesamtwertung. In der Punktewertung für das Grüne Trikot führte er mit beruhigendem Vorsprung. Jan Ullrich kam als 30. ins Ziel, Bjarne Riis als 43. Und beide lagen gut in der Wertung des Gesamtklassements.

Ergebnis 4. Etappe = 223 km, Schnitt: 38,592 km/h

Rang	Fahrer	Nat.	Team	Zeit Std
1	Nicola Minali	ITA	BAT	5:46:42
2	Frederic Moncassin	FRA	GAN	
3	Erik Zabel	D	TEL	
4	Mario Cipollini	ITA	SAE	
30	Jan Ullrich	D	TEL	
43	Bjarne Riis	DAN	TEL	alle zeitgleich

Gelbes Trikot: Mario Cipollini, Grünes Trikot: Erik Zabel

10. Juli 1997, 5. Etappe: Chantonnay – La Chatre (FRA), 261,5 km, Schnitt: 41,442 km/h

Es war die Etappe des Franzosen Cedric Vasseur. Nach etwas mehr als 110 Kilometern gelang es ihm, sich vom Feld abzusetzen, und dann radelte er los, als ob er bis Paris im Alleingang fahren wollte. Teilweise betrug sein Vorsprung bis zu siebzehn Minuten. Das Feld schien sich anfänglich überhaupt nicht dafür zu interessieren und ließ ihn fahren. Schließlich versuchten einige Fahrer dann doch noch ihn einzuholen, und so verkürzte sich der Vorsprung auf 2,5 Minuten. Einholen ließ sich der tapfere Franzose aber nicht mehr und gewann die Etappe im Alleingang. Als weitere Belohnung durfte er sich dann auch noch das Gelbe Trikot überstreifen, das in Frankreich »Maillot Jaune« heißt. Erik Zabel mußte sich im Sprint des Feldes wieder einmal Mario Cipollini beugen, behielt aber weiter sein Grünes Trikot, während Cipollini sein Gelbes abgeben mußte.

Ergebnis 5. Etappe = 261,5 km, Schnitt: 41,442 km/h

Rang	Fahrer	Nat.	Team	Zeit Std
1	Cedric Vasseur	FRA	GAN	6:16:44
2	Stuart O'Grady	AUS	GAN	+00:02:32
3	Francisco Caballo			
4	Marco Artunghi	ITA	MER	
13	Erik Zabel	D	TEL	
38	Jan Ullrich	D	TEL	
48	Bjarne Riis	DAN	TEL	alle zeit-gleich

Gelbes Trikot: Cedric Vasseur, Grünes Trikot: Erik Zabel

11. Juli 1997, 6. Etappe: Le Blanc – Marennes (FRA), 215,5 km, Schnitt: 36,437 km/h

Die mehr als 200 Kilometer bis zur Atlantikküste hatten es in sich und endeten nach einer Umleitung mit Ausschlüssen, schweren Stürzen, einem Dopingfall und einer überharten Entscheidung. Doch alles der Reihe nach.

Zuerst einmal hatte es den Anschein, daß die Pedaleure keine rechte Lust hatten, sich schneller als nötig zu bewegen. Die Organisatoren waren diesmal recht froh darüber, denn nach 77 Kilometern mußte das Pelon für vier Kilometer umgeleitet werden, weil eine Anti-Atomkraft-Demonstration die geplante Strecke versperrte. Dann ging es im gleichen Bummeltempo weiter. Trotz der langsamen Fahrweise kam es zu mehreren Massenstürzen, in die auch Erik Zabel, Jens Heppner und Giovanni Lombardi vom Team Telekom verwickelt wurden. Zum Glück gab es keine schlimmen Blessuren.

Erst rund 30 Kilometer vor dem Ziel, als der Schweizer Jaermann und der Usbeke Abdushaparov davonzogen, kam mehr

Bewegung in die Akteure. Das Feld holte die beiden Ausreißer wieder ein. Beim Spurt konnte sich dann Erik Zabel durchsetzen, nachdem er etwa 400 Meter vor dem Ziel mit dem Franzosen Damien Nazon aneinandergeraten war. Doch diese Energieleistung sollte vergebens gewesen sein. Nachträglich wurde Zabel von der Jury wegen »unkorrektem Spurwechsel« auf den letzten Platz seiner Gruppe zurückgestuft, außerdem bekam er 200 SFr Strafe aufgebrummt. Ein Urteil, das außer ihm wohl nur die Herren Juroren verstanden.

»Ich bekam einen Stoß, ich glaube von Cipollini, und mußte eine Welle fahren. Da habe ich den Franzosen vielleicht touchiert«, schilderte der Betroffene die Angelegenheit aus seiner Sicht, und Teamchef Godefroot war der Meinung, daß man mit diesem Jury-Maßstab viele Spurtsiege im nachhinein aberkennen müsse. Um zu demonstrieren, wer für ihn der wahre Etappensieger war, ließ er seinen Mannen am Abend im Hotel Champagner servieren.

Wie hart es in einem Massenspurt zugeht, mußte auch der Belgier Tom Steels am eigenen Leib erfahren. Er schilderte die Situation aus seiner Sicht: *»Das ist meine erste Tour. Was hier in den Spurts passiert, ist kriminell. Keiner nimmt Rücksicht auf den anderen. Ich bekam den Ellenbogen von Moncassin in die Rippen und konnte bei Tempo 70 einen Sturz nur knapp vermeiden, der für alle fatale Folgen gehabt hätte. Das war lebensgefährlich. Da habe ich die Wut gekriegt...«*

Was er in seiner Wut dann tat, war für die Jury eine absolute Unsportlichkeit. Steels griff in voller Fahrt nach seiner Trinkflasche und warf sie in Richtung des Franzosen, der in solchen Dingen wahrlich kein Engel ist. Nach kurzer Beratung war die Jury sich einig: Für Steels war die Tour nach der sechsten Etappe beendet, er wurde vom weiteren Wettbewerb ausgeschlossen.

Ebenso hart traf es den Usbeken Dschamolidin Abduschgaparov. Er wurde des Dopings überführt. Dies war der erste Dopingfall seit 1988. Damals wurde der Holländer Gert-Jan Theunissen erwischt. Im Urin des Usbeken wurde Clenbuterol nachgewiesen, das die Atemwege erweitert, und dazu auch noch Bromantan, das zur Verschleierung anderer Dopingsubstanzen dient.

Natürlich gab es auch noch sportliche Ergebnisse bei dieser 6. Etappe, doch die traten bei der turbulenten Pressekonferenz im Pressesaal von Marennes fast völlig in den Hintergrund. Erik Zabel behielt trotz der Rückstufung sein Grünes Trikot, ebenso wie Vasseur sein Gelbes. Jan Ullrich blieb weiter auf dem fünften Platz und wahrte sich so alle Chancen für den weiteren Tourverlauf.

Ergebnis 6. Etappe = 215,5 km, Schnitt: 36,437 km/h

Rang	Fahrer	Nat.	Team	Zeit Std
1	Jeroen Blijlevens	HOL	TVM	5:58:09
2	Mario Traversoni	ITA	MER	
3	Nicola Minali	ITA	BAT	
4	Frederic Moncassin	FRA	GAN	
43	Jan Ullrich	D	TEL	
65	Bjarne Riis	DAN	TEL	
122	Erik Zabel	D	TEL	alle zeitgleich

Gelbes Trikot: Cedric Vasseur, Grünes Trikot: Erik Zabel

12. Juli 1997, 7. Etappe: Marennes – Bordeaux (FRA), 194 km, Schnitt: 46,328 km/h

War die sechste Etappe äußerst heftig verlaufen, bot sich am Samstag bei der Fahrt zur Gironde-Mündung eher ein ruhiges Bild. So kam das Feld dann auch geschlossen nach Bordeaux. Als ob er niemals an das Ende des Feldes zurückgestuft worden war, fightete Erik Zabel beim Spurt wie in seinen besten Tagen und fuhr den Etappensieg ein. Diesmal gab es keinen Grund zur Beanstandung. Böse Zungen behaupteten, weil diesmal kein Franzose auf dem zweiten Platz folgte. Zwar ist es seit Jahrzehnten eine altbekannte Tatsache, daß die französische Jury hin und wieder einmal eine »patriotische« Entscheidung trifft, doch Unfairneß kann man den Juroren wirklich nicht vorwerfen.

Nachdem in der vorherigen Etappe von den Spitzenfahrern bereits Jewgeni Berzin, Tony Rominger und Alex Zülle ausgestiegen waren, traf es nun Mario Cipollini, der während der ersten drei Etappen das Gelbe Trikot getragen hatte. Nach etwa 40 Kilometern mußte er während der siebten Etappe aufgeben.

Im Klassement gab es keine größeren Veränderungen.

Ergebnis 7. Etappe = 194 km, Schnitt: 46,328 km/h

Rang	Fahrer	Nat.	Team	Zeit Std
1	Erik Zabel	D	TEL	4:11:15
2	Jaan Kirsipuu	EST	CSO	
3	Jeroen Blijlevens	HOL	TVM	
4	Robbie McEwen	AUS	RAB	
41	Jan Ullrich	D	TEL	
51	Bjarne Riis	DAN	TEL	alle zeitgleich

Gelbes Trikot: Cedric Vasseur, Grünes Trikot: Erik Zabel

13. Juli 1997, 8. Etappe: Sauternes – Pau (FRA), 161,5 km, Schnitt: 47,804 km/h

Welche Macht ein Erik Zabel mit dem Telekom-Team zu seiner Unterstützung bei einem Massenspurt ist, konnte er auf der achten Etappe erneut unter Beweis stellen, obwohl sein Sieg nach der Zieldurchfahrt noch nicht feststand. Wieder mußte die Jury zusammensitzen und TV-Bilder studieren, doch diesmal ging es nicht um eine Unsportlichkeit, sondern um entscheidende Millimeter. Zabel hatte das Glück des Tüchtigen: er siegte nach Zielfoto-Entscheid mit wenigen Millimetern Vorsprung vor dem Italiener Nicola Minali und dem Holländer Jeroen Blijlevens.

Mit diesem Erfolg hatte sich Zabel mit drei Etappensiegen bei einer Tour zum erfolgreichsten deutschen Etappensieger seit Didi Thurau nach vorne gesprintet, doch nun standen die schweren Pyrenäenetappen an, und Berge sind nicht gerade sein Metier. So war im Telekom-Team klar, daß nun die ersten Vorentscheidungen fallen würden, und alle stellten sich nun darauf ein, Bjarne Riis nach vorne zu bringen.

Ergebnis 8. Etappe = 161,5 km, Schnitt: 47,804 km/h

Rang	Fahrer	Nat.	Team	Zeit Std
1	Erik Zabel	D	TEL	3:22:42
2	Nicola Minali	ITA	BAT	
3	Jeroen Blijlevens	HOL	TVM	
4	Frederic Moncassin	FRA	GAN	
35	Bjarne Riis	DAN	TEL	
45	Jan Ullrich	D	TEL	alle zeitgleich

Gelbes Trikot: Cedric Vasseur, Grünes Trikot: Erik Zabel

14. Juli 1997, 9. Etappe: Pau – Loudenville-Vallee (FRA), 182 km, Schnitt: 33,605 km/h

Die erste Pyrenäen-Etappe führte bis in eine Höhe von mehr als 2100 Metern (Tourmalet) und beinhaltete vier schwere Bergwertungen. Nun kam die Zeit der Bergspezialisten und der Allrounder unter den Fahrern. Die Tour trat in ihre erste vorentscheidende Phase.

Bereits zu Beginn des ersten Renndrittels griff der Franzose Pascal Herves heftig an. Zwei andere Fahrer hängten sich an ihn, und die Dreiergruppe fuhr bis zu 4 Minuten Vorsprung heraus, bis mit dem 2115 m hohen Tourmalet die erste echte Herausforderung des Jahres 1997 auf die Fahrer zukam. Das Festina-Team steigerte das Tempo, um so das Team Telekom in Schach zu halten. Der Vorsprung der Ausreißer schmolz wieder etwas zusammen. Bei der Abfahrt, die wegen Nebels nicht ganz einfach zu meistern war, kamen Olano, Vasseur und Jalabert, die zuvor Probleme gehabt und zurückgefallen waren, wieder an das Feld heran. Die nächste Bergprüfung führte auf den Col d'Aspin. Bei der Abfahrt setzen sich die beiden Franzosen Didier Rous und Laurent Brochard in Führung. Zu ihnen gesellt sich noch der Schweizer Oscar Camenzin.

Rous kann das Tempo seines Landsmannes aber nicht lange mithalten und fällt zurück. Vor dem dritten großen Berg sieht Brochard seine Chance gekommen und beschleunigt noch einmal. Die Verfolgergruppe wird immer kleiner, da Richard Virenque und Laurent Dufaux immer wieder Attacken fahren. Nur einen konnten diese Angriffe nicht aus der Ruhe bringen: Jan Ullrich. Obwohl man ihm nachsagt, daß er kein berühmter Abfahrer sei, setzte sich der junge Deutsche immer wieder neben den angreifenden Virenque und signalisierte ihm so: *»Was Du auch anstellst, ich bin bei Dir!«* Daß diese Taktik letztendlich erfolgreich war, bestätigte einige Tage später auch Virenque: *»Egal wann du dich umsiehst, Ullrich ist immer da . . .«*

Der Teamkapitän Riis bekam unterdessen erste Probleme und fiel zurück. Ullrich blieb in der Verfolgergruppe mit Virenque und Pantani und konnte mit diesen den Ausreißer Brochard wieder einholen. Etwa fünf Kilometer vor dem Ziel versucht Brochard es erneut, und diesmal zieht kein anderer Fahrer mit. So kam der Teamgefährte von Virenque zu seinem ersten Etappensieg des Jahres bei der Tour. Wohl mag Ullrich für einen Moment an den eigenen Etappensieg gedacht haben, doch er mußte Rücksicht auf seinen Kapitän Riis nehmen, den er ja weiter unterstützen sollte und wollte.

Bereits zu diesem Zeitpunkt erkannte Teammanager Godefroot, daß sein Topfahrer Riis nicht in der Form des Vorjahres war. Der schwache Eindruck, den der Däne auf der ersten Bergetappe machte, ließ für den weiteren Tourverlauf Schlimmeres befürchten.

Das Gesamtklassement der Tour wurde bei Ende der 9. Etappe gewaltig durcheinander gewirbelt. Zwar behielten Vasseur und Zabel ihre Trikots, doch Jan Ullrich war bis auf 13 Sekunden an den Führenden herangekommen. Und auch Virenque konnte sich durch seinen zweiten Etappenplatz weiter nach vorne schieben.

Ergebnis 9. Etappe = 182 km, Schnitt: 33,605 km/h

Rang	Fahrer	Nat.	Team	Zeit Std
1	Laurent Brochard	FRA	FES	5:24:57
2	Richard Virenque	FRA	FES	+00:00:14
3	Marco Pantani	ITA	MER	zeitgleich
4	Jan Ullrich	D	TEL	zeitgleich
8	Bjarne Riis	DAN	TEL	+00:00:41
22	Udo Bölts	D	TEL	+00:02:57

Gelbes Trikot: Cedric Vasseur, Grünes Trikot: Erik Zabel

15. Juli 1997, 10. Etappe: Luchon – Andorra-Arcalis (AND), 252,5 km, Schnitt: 37,792 km/h

Die zehnte Etappe der 84. Tour de France sollte in die Geschichte dieses Wettbewerbs eingehen, zumindest aus deutscher Sicht, und ein prominenter Franzose hatte es vorausgesagt. Der ehemalige Radchampion Bernard Hinault hatte prophezeit: *»Jan Ullrich wird diese schwierige Etappe gewinnen!«* Und er sollte recht behalten.

Anfänglich blieb das Feld noch beisammen, und auch die ersten drei Bergwertungen konnten keine größeren Löcher reißen, zogen das Feld aber weit auseinander. Als das Pelon sich dem 2400 m hohen Port d'Envalira nähert, wagt Laurent Jalabert den ersten Ausflug nach vorne, wird nach 15 Kilometern aber von einer fünfzehnköpfigen Verfolgergruppe eingeholt, in der sich auch Ullrich, Riis, Bölts, Dufaux und Virenque befinden. Kurze Zeit später versuchen Arroyo und Kasputis ihr Glück, werden aber auch eingeholt und weiter nach hinten durchgereicht. Seinen letzten Versuch eines Alleinganges startet Jalabert auf der Abfahrt vom Port d'Envalira, wird aber wieder von der Gruppe um Ullrich und Riis eingefangen.

Den Abschluß dieser Etappe bildete der steile Anstieg nach Andorra-Arcalis. Ullrich hatte sich noch einmal bei Riis nach dessen Zustand erkundigt und erfahren, daß es dem Dänen gut ging. So setzte er sich neun Kilometer vor dem Ziel von der Gruppe ab und strebte alleine unaufhaltsam dem Zentrum des Fürstentums Andorra entgegen. Marco Pantani und Richard Virenque versuchten, ihm zu folgen, konnten der kraftvollen Bergfahrt des jungen Deutschen nichts Entscheidendes mehr entgegensetzen. Ebenso vergeblich blieben alle Versuche des noch führenden Vasseur, sein Trikot zu verteidigen. Er landete abgeschlagen mit fast acht Minuten Rückstand auf Rang 25. In meisterlichem Bergaufspurt erkämpfte sich Ullrich so nicht nur den Etappensieg, sondern, neunzehn Jahre nach Klaus-Peter Thaler als erstem Deutschen, auch das Gelbe Trikot des Spitzenreiters. Bei seiner Siegesfahrt nach Andorra ließ er die Bergspezialisten Pantani und Virenque wie Anfänger aussehen und demonstrierte auf einmalige Art, wer der stärkste Fahrer des Telekom-Teams ist. Dies mußte nach der zehnten Etappe wohl auch Bjarne Riis einsehen, der mit mehr als drei Minuten Rückstand auf Ullrich Fünfter wurde.

»Diesen Tag werde ich mein Leben lang nicht vergessen! Ein Jugendtraum hat sich erfüllt«, kommentierte der Rostocker später seine Gefühle. Auch wir werden diesen Tag nicht vergessen, denn mit der zehnten Etappe wurde aus der 84. Tour de France die »Tour de

Üllrisch« (Üllrisch – so sprechen die Franzosen den Namen Ullrich aus).

Ergebnis 10. Etappe = 252,5 km, Schnitt: 33,605 km/h

Rang	Fahrer	Nat.	Team	Zeit Std
1	Jan Ullrich	D	TEL	7:46:06
2	Marco Pantani	ITA	MER	+00:01:08
3	Richard Virenque	FRA	FES	zeitgleich
4	Francesco Casagrande	ITA	SAE	+00:02:01
5	Bjarne Riis	DAN	TEL	+00:03:23
78	Udo Bölts	D	TEL	+00:28:55
92	Erik Zabel	D	TEL	+00:43:01

Gelbes Trikot: Jan Ullrich, Grünes Trikot: Erik Zabel, Berg-Trikot: Richard Virenque

16. Juli 1997, 11. Etappe: Andorra – Perpignan (FRA), 192 km, Schnitt: 37,792 km/h

Der erste Renntag im Gelben Trikot führte Jan Ullrich und die anderen Fahrer aus den Pyrenäen in Richtung Mittelmeer bis nach Perpignan. Wie nicht anders zu erwarten, gab es für die Fahrer eine verhältnismäßig ruhige Etappe nach den schweren Bergprüfungen der vergangenen beiden Tage. Jan Ullrich, am Etappenende von allen Reportern befragt, wie er denn diesen ersten Tag im Gelben Trikot erlebt hätte: »*Der erste Tag in Gelb war für mich völlig normal. Ich habe nur darauf geachtet, daß ich nicht stürze.*«

Wesentlich aufgeregter als der neue deutsche Tourheld waren zahlreiche Medienschaffende in unserem Land. Zahlreiche Agenturen waren wegen des zuvor verhältnismäßig niedrigen Stellenwertes der Tour de France in Deutschland erst gar nicht angereist und wollten nun natürlich auch mit dabeisein und verlorenes Terrain aufholen. Ebenso hatten die öffentlich-rechtlichen Fernsehanstalten nur die in jedem Jahr übliche kurze Berichterstattung eingeplant und sahen sich plötzlich mit zahlreichen Anfragen von Zuschauern konfrontiert, die mehr über »den Deutschen in Gelb« sehen und erfahren wollten. Jetzt galt es, rasch zu reagieren.

Der junge Mann, um den sich in den kommenden Tagen alles drehen sollte, rollte unterdessen mit dem Pelon in Richtung Mittelmeerküste und freute sich über sein neues Tourtrikot. Ein anderer Deutscher aus dem Team Telekom konnte sich leider nicht freuen: Udo Bölts fuhr mit zusammengebissenen Zähnen unter Schmerzen weiter. Ein lädiertes Knie und ein eingeklemmter Ischiasnerv taten höllisch weh. Einzig der Gedanke an den morgigen Ruhetag ließen ihn diese Qualen überstehen.

Bei Bjarne Riis schien sich alles Pech zu vereinigen, das man auf einer Tour nur ansammeln konnte. Als er gerade einmal vom Rad mußte, um ein dringendes Geschäft zu erledigen, zog eine Ausreißergruppe auf und davon. So fand er sich plötzlich abgehängt im Verfolgerfeld wieder. Nun war Mannschaftsleistung gefragt. Rolf Aldag, Christian Henn und Georg Totschnig gaben alles und führten den Mannschaftskapitän in ihrem Windschatten an die Ausreißer heran. Der Windschatten ist für einen Radrennfahrer auf der Straße äußerst wichtig. Wenn die Kollegen vorne mit ihren Körpern die Luft durchteilen, kann ein Fahrer dahinter bis zu dreißig Prozent an Kraftaufwand sparen. Lösen sich die vorne Fahrenden auch noch im richtigen Wechsel ab, wenn der erste beginnt etwas abzubauen, kann so eine Gruppe wesentlich schneller als jeder Einzelfahrer sein. Diese Fahrtechnik beherrscht das Team Telekom ebenso perfekt wie die anderen Spitzenteams.

Vor dem Ziel konnte sich eine dreiköpfige Gruppe mit dem Ukrainer Utschakov, dem Franzosen Desbiens und dem Italiener Finco absetzen. Beim Zielspurt kam es zu Rangeleien zwischen Utschakov und Desbiens, bei denen der Ukrainer sich kraftvoll, aber unfair durchsetzte und als erster die Ziellinie überquerte. Die

Jury trat wieder einmal zusammen und fällte dann ihr Urteil: Utschakov wird auf den letzten Platz seiner Gruppe zurückgestuft. Da diese aber nur aus drei Fahrern bestand, wurde er noch als dritter der Etappe gewertet. Im Gesamtklassement gab es keine größeren Veränderungen.

Ergebnis
11. Etappe = 192 km, Schnitt: 37,760 km/h

Rang	Fahrer	Nat.	Team	Zeit Std
1	Laurent Desbiens	FRA	COF	5:05:05
2	Carlo Finco	ITA	MAG	
3	Sergej Utschakov	UKR	PLT	beide zeitgleich
4	Frederic Moncassin	FRA	GAN	+0:00:18
5	Erik Zabel	D	TEL	zeitgleich
49	Jan Ullrich	D	TEL	
64	Bjarne Riis	DAN	TEL	beide zeitgleich

Gelbes Trikot: Jan Ullrich, Grünes Trikot: Erik Zabel, Berg-Trikot: Richard Virenque

17. Juli 1997, Ruhetag
Für die Fahrer war der einzige eingeplante Ruhetag gekommen, für die Mannschaftsärzte, Masseure und Betreuer der wohl arbeitsreichste, denn irgendeine Blessur oder eine schmerzende Körperpartie konnte jeder Tourteilnehmer vorweisen, und alles mußte an diesem Tag behandelt werden.

Ruhetag heißt für einen Tourfahrer auch nicht, daß er nicht auf sein Rennrad muß. Wenn der Körper und seine Muskeln seit zwölf Tagen ununterbrochen in Bewegung sind, kann er keinen völlig bewegungslosen Tag vertragen, ohne daß am folgenden Tag Probleme auftreten würden. Wir alle kennen diesen Zustand, wenn wir nach einer körperlichen Hochleistung am nächsten Tag nur faul herumliegen: Wir bekommen einen Muskelkater. Dieses Risiko schalten die Sportprofis aus, indem sie an einem Ruhetag ein ausgeklügeltes leichtes Bewegungsprogramm absolvieren. Für die Radsportler heißt es meist, noch eine Stunde »auf die Rolle« zu gehen. Hinter diesem Ausdruck verbirgt sich ein Rennrad, das so auf Rollen steht, daß der Fahrer es wie in einem Rennen bewegen kann. Im Vergleich zu 100 oder 200 Kilometern einer Tagesetappe ist diese Art des Radfahrens wahrlich eine Erholung.

Für die Organisatoren ergab sich durch den Ruhetag die Gelegenheit, das gesamt Fahrerfeld von Perpignan nach St.-Étienne per Flugzeug zu transportieren. Der Troß fuhr auf der Straße voraus. In der französischen Stadt südlich von Lyon, die den deutschen Sportfans bestens dank der dort beheimateten Fußballmannschaft bekannt sein dürfte, war für den nächsten Tag ein Einzelzeitfahren über 55 Kilometer angesetzt.

18. Juli 1997, 12. Etappe: St.-Étienne (FRA), Einzelzeitfahren über 55 km

Beim Einzelzeitfahren starten die Teilnehmer in umgekehrter Reihenfolge ihrer bisherigen Plazierungen. Für Jan Ullrich bedeutete dies, daß er als letzter drei Minuten nach dem Gesamtzweiten Virenque auf die Strecke ging.

Vom Gelben Trikot beflügelt, zeigte der Rostocker in seiner Spezialdisziplin nun, was wirklich in ihm steckte, und begeisterte alle. Er fuhr seine Konkurrenten »in Grund und Boden« und siegte mit fast 3 Minuten Vorsprung. Außerdem gelang es ihm, seinen direkten Konkurrenten Virenque noch vor dem Ziel einzuholen. Als er dann auch noch vorbeizog, wußte der Franzose, daß er drei Minuten auf Ullrich eingebüßt hatte. Wie bei den Fahrten in den Pyrenäen, als Ullrich immer wieder neben Virenque fuhr und ihn dadurch aus seinem psychischen Gleichgewicht brachte, war auch diese Etappe nicht dazu angetan, das Selbstbewußtsein des Franzosen besonders zu stärken. Jan Ullrich hatte bereits viel von dem gelernt, was man braucht, wenn man seine Gegner nicht nur sportlich, sondern auch psychisch bis auf das Letzte fordern will.

Dabei hatte es erst gar nicht nach einem Ullrich-Sieg ausgesehen. Als das Zeitfahren begann, schien noch die Sonne, dann verschlechterten sich die Bedingungen für die folgenden Fahrer. Es begann zu regnen, und böiger Wind machte sich unangenehm bemerkbar. Doch die Spitzenfahrer zeigten allesamt ihre Klasse und kamen mit den widrigen Umständen zurecht, ohne dabei viel Zeit einzubüßen, wie es der Sieg von Jan Ullrich eindrucksvoll bewies. Bei seiner Fahrt wurde vom Team Telekom auch ein bis dahin einmaliger Trick angewendet: Da diese Etappe zuerst leicht den Berg hinauf und dann nur noch hinab führte, hielt Jan Ullrich auf der Bergkuppe an und wechselte sein Rad. So benutzte er ein spezielles Fahrgerät für den Anstieg und ein anderes für die Bergabfahrt. In der deutschen Sportpresse wurde nach dieser eindrucksvollen Leistung der Begriff vom »Tourminator« geprägt.

Ergebnis 12. Etappe, Einzelzeitfahren über 55 km

Rang	Fahrer	Nat.	Team	Zeit Std
1	Jan Ullrich	D	TEL	1:16:24
2	Richard Virenque	FRA	FES	1:19:28
3	Bjarne Riis	DAN	TEL	1:19:32
4	Abraham Olano	GB	FES	1:19:38
5	Marco Pantani	ITA	MER	1:20:06

Gelbes Trikot: Jan Ullrich, Grünes Trikot: Erik Zabel, Berg-Trikot: Richard Virenque

19. Juli 1997, 13. Etappe: St.-Étienne – L'Alpe d'Huez (FRA), 203,5 km, Schnitt: 40,337 km/h

Es war die 13. Etappe, und als Ziel standen die 21 Serpentinen hinauf nach L'Alpe d'Huez auf dem Tourplan. Jeder, der abergläubisch ist und sich ein wenig im Radsport auskennt, denkt unwillkürlich an das Jahr 1977 zurück. Vor zwanzig Jahren hatte Didi Thurau genau an diesem Berg alle seine Hoffnungen auf einen möglichen Toursieg begraben können. Mehr als 13 Minuten hatte Didi dort verloren, und alle Siegchancen waren dahin. Danach kam er während der gesamten Tour nie wieder richtig in Tritt.

Ob auch Jan Ullrich solche oder ähnliche Gedanken vor dem schweren Anstieg bewegt haben, wage ich zu bezweifeln. Er war damals gerade drei Jahre alt und hatte die Demontage von Thurau nicht direkt miterlebt. Allerdings hatte er seinen direkten Kontrahenten gegenüber einen großen Nachteil: Er kannte diese mörderische Etappe noch nicht aus der Praxis, denn bei seinem ersten Tourstart 1996 war sie nicht eingeplant.

Mörderische Hitze, eine gnadenlos brennende Sonne und flimmernder Asphalt kennzeichneten die 21 Serpentinen hinauf nach L'Alpe d'Huez im Jahre 1997. Nicht alle Fahrer überstanden diese Tortur. So mußte der Brite Chris Boardman, der im Prolog Ullrich noch schlagen konnte, vor dem Berg aussteigen.

In Erwartung der harten Kämpfe um den Etappensieg und die Führung im Gesamtklassement hatten sich Hunderttausende an den Hängen eingefunden. Eine unübersehbare Menschenmenge säumte die Piste zu beiden Seiten. Kein Ordnungshüter war in der Lage, diese Menschenmassen zurückzuhalten. Immer wieder schlossen sich Menschentrauben und versperrten die Straße, um erst in letzter Sekunde vor den heranstürmenden Fahrern auszuweichen. *»Ich hatte dauernd Angst, einen Zuschauer zu überfahren«*, stöhnte Jan Ullrich nach dem Ende dieser Etappe erleichtert auf und bekannte freimütig, daß diese Fahrt »gleichzeitig erschreckend und beeindruckend« war. Alle Erzählungen, die er sich vorher angehört hatte, wurden durch die Realität noch übertroffen.

Zwei Männer drückten dieser Etappe ihr Siegel auf: der Führende Ullrich und der Sieger Pantani, die sich zusammen mit Virenque und Riis bereits vor der ersten Serpentine absetzen konnten. Riis mußte als erster zurückstecken, vier Kurven später konnte auch Virenque das Tempo nicht mehr mitgehen. Ullrich bot dem kleinen Italiener noch drei weitere Serpentinen Paroli, dann schoß Pantani alleine in Richtung Ziel und war nicht mehr zu halten. Er siegte mit 46 Sekunden Vorsprung auf Jan Ullrich, der aber seinem direkten Widersacher im Kampf um die Gesamtwertung, dem Franzosen Virenque, weitere 40 Sekunden abnehmen konnte und so seinen Vorsprung weiter ausbaute. Es war bereits seine dritte Etappe im Gelben Trikot, der mit Sicherheit auch die vierte folgen würde.

Bjarne Riis erreichte das Ziel als vierter und Udo Bölts als siebter. Dies untermauerte die Stärke des Telekom-Teams.

Ergebnis
13. Etappe = 203,5 km, Schnitt: 40,337 km/h

Rang	Fahrer	Nat.	Team	Zeit Std
1	Marco Pantani	ITA	MER	5:02:42
2	Jan Ullrich	D	TEL	+00:46
3	Richard Virenque	FRA	FES	+01:26
4	Francesco Casagrande	ITA	SAE	+02:26
5	Bjarne Riis	DAN	TEL	+ 02:26
7	Udo Bölts	D	TEL	+02:58

Gelbes Trikot: Jan Ullrich, Grünes Trikot: Erik Zabel, Berg-Trikot: Richard Virenque

20. Juli 1997, 14. Etappe: Bourg d'Oisans – Courchevel (FRA), 148 km, Schnitt: 32,377 km/h

Auf der zweiten schweren Alpenetappe hatte sich die Festina-Mannschaft rund um Richard Virenque, dem Zweiten in der Gesamtwertung hinter Ullrich, einiges vorgenommen. Man wollte den Rückstand auf den Deutschen unbedingt egalisieren. Bereits nach 20 Kilometern, als die erste Bergwertung des Tages am Col du Glandon anstand, legten sieben Festina-Fahrer los und rissen das Pelon auseinander. Ullrich paßte aber auf und konnte gut mithalten. Bei der rasenden Abfahrt zeigte sich eine leichte Schwäche bei Ullrich. Er versteuerte sich in einer Kurve, konnte das Tempo der Vorausfahrenden nicht mehr mithalten und verlor in kurzer Zeit 1:35 Minuten auf Virenque. Alleine, ohne den helfenden Windschatten der Kameraden, das wußte er, hatte er keine Chance, den Rückstand wieder aufzuholen. Er tat das einzig Richtige und wartete auf die Verfolgergruppe, in der die Telekom-Fahrer Riis, Bölts und Totschnig fuhren und ihn aufnahmen. Zuerst machte Bölts das Zugpferd, dann ging Riis nach vorne, der mit seinem Können und seiner Erfahrung in dieser Situation ein unverzichtbarer Helfer war. Mit unwiderstehlicher Kraft erhöhte er das Tempo und brachte die Verfolger immer näher an die Virenque-Gruppe, in der sich auf dem Weg zur zweiten Bergwertung am Col de la Madelaine bereits Auflösungserscheinungen bemerkbar machten. Einer nach dem anderen fiel zurück, und so war Virenque am Aufstieg zum Col de la Madelaine wieder eingeholt.

Auf den letzten Kilometern, dem Schlußanstieg, setzte Virenque sich noch einmal ab, hatte aber Ullrich als ständigen Schatten bei sich. Auf der Ziellinie zeigte Jan, daß er nicht nur ein fairer, sondern trotz seiner jungen Jahre bereits schon ein ganz großer Sportler ist: Er überließ dem Franzosen, der die Hauptarbeit auf dieser Etappe gemacht hatte, den Sieg und eroberte mit dieser fairen Geste auch die letzten Herzen der Radsportfreunde aus aller Welt.

»Ich bin kein Kannibale. Richard war heute superstark. Er hat den

Sieg verdient«, kommentierte Jan nach Rennende das Geschenk an den direkten Kontrahenten mit eigenen Worten.

Die Medien, vor allem in Deutschland und Frankreich, überschlugen sich nun in der Berichterstattung über die Tour de France, und es wurden immer neue Superlative kreiert, mit denen der neue Tour-Held bedacht wurde. Vergleiche mit Eddy Merckx, den sie den »Außerirdischen« nannten, wurden laut.

»Das Gelbe Trikot nimmt ihm jetzt keiner mehr weg«, orakelte Altmeister Rudi Altig als Komoderator beim TV-Sportsender Eurosport, und Millionen wollten, daß der alte Mann des deutschen Radsports recht behielt.

Ergebnis
14. Etappe = 148 km, Schnitt: 32,377 km/h

Rang	Fahrer	Nat.	Team	Zeit Std
1	Marco Pantani	ITA	MER	5:02:42
2	Jan Ullrich	D	TEL	+00:46
3	Richard Virenque	FRA	FES	+01:26
4	Francesco Casagrande	ITA	SAE	+02:26
5	Bjarne Riis	DAN	TEL	+ 02:26
7	Udo Bölts	D	TEL	+02:58

Gelbes Trikot: Jan Ullrich, Grünes Trikot: Erik Zabel, Berg-Trikot: Richard Virenque

21. Juli 1997, 15. Etappe: Courchevel – Morzine (FRA), 208,5 km, Schnitt: 35,015 km/h

»Die One-Man-Show des jungen Deutschen geht weiter«, betitelte eine Sportzeitschrift den Artikel über die 15. Etappe und brachte damit zum Ausdruck, was Millionen Menschen dachten, die entweder an der Strecke oder in der Masse vor den Fernsehgeräten die erneut beeindruckende Leistung des Jan Ullrich miterlebten. Zwar versuchte Virenque alles, um sich von Ullrich zu lösen, doch wann er sich auch umsah, stets war der Deutsche bei ihm. Sieger der 15. Etappe wurde der Italiener Marco Pantani vor Virenque und Ullrich. Bjarne Riis wurde Achter.

Ergebnis
15. Etappe = 208,5 km, Schnitt: 30,015 km/h

Rang	Fahrer	Nat.	Team	Zeit Std
1	Marco Pantani	ITA	MER	5:02:42
2	Jan Ullrich	D	TEL	+00:46
3	Richard Virenque	FRA	FES	+01:26
4	Francesco Casagrande	ITA	SAE	+02:26
5	Bjarne Riis	DAN	TEL	+ 02:26
7	Udo Bölts	D	TEL	+02:58

Gelbes Trikot: Jan Ullrich, Grünes Trikot: Erik Zabel, Berg-Trikot: Richard Virenque

22. Juli 1997, 16. Etappe: Morzine – Fribourg (SUI), 181 km, Schnitt: 40,194 km/h

Die sechzehnte Etappe führte die Telnehmer der 84. Tour de France nach Frankreich hinein. Drei Berge lagen an diesem Tag vor den Fahrern, von denen der Col de la Croix mit seinen 1778 Metern als der schwierigste anzusehen war. Virenque und Pantani wollten es noch einmal wissen und machten dem Träger des Gelben Trikots das Leben nicht gerade leicht. Immer wieder mußte er Angriffe abwehren. Bjarne Riis kam da nicht mehr mit und verlor den Anschluß an die Gruppe um Ullrich. So büßte er wertvolle Zeit ein und fiel auf den siebten Rang zurück.

Ullrich schlug sich tapfer. Am Ziel kam es dann zu einem Massenspurt, bei dem sich der Franzose Christophe Mengin durchsetzte und den Etappensieg für sich und sein Team einfahren konnte. Hinter ihm kamen Vandenbroucke, Virenque und zehn weitere Fahrer zeitgleich an, zu denen auch Udo Bölts, Jan Ullrich und Georg Toschnig gehörten. So konnte der Spitzenreiter sein Gelbes Trikot erfolgreich verteidigen, da er keine Zeit auf seine direkten Widersacher verlor.

Welchen Stellenwert diese 84. Tour in Deutschland dank eines führenden Jan Ullrich in wenigen Tagen erreicht hatte, bewies die Tatsache, daß am selben Tag nicht nur der Telekom-Aufsichtsrat-Vorsitzende Ron Sommer nach Frankreich flog, um so direkt an Ort und Stelle am Geschehen teilnehmen zu können, sondern auch die Chefredakteure der deutschen Magazine »Spiegel«, Focus« und »Stern«. Dies verkündete »Focus« jedenfalls noch am selben Tag im Internet auf der extra eingerichteten Online-Seite.

Ergebnis
16. Etappe = 181 km, Schnitt: 40,194 km/h

Rang	Fahrer	Nat.	Team	Zeit Std
1	Christophe Mengin	FRA	FDJ	4:30:11
2	Frank Vanden-broucke	BEL	MAP	
3	Richard Virenque	FRA	FES	
4	Gianluca Pierobon	ITA	BAT	
5	Francesco Casagrande	ITA	SAE	
8	Udo Bölts	D	TEL	
11	Jan Ullrich	D	TEL	alle zeit-gleich

Gelbes Trikot: Jan Ullrich, Grünes Trikot: Erik Zabel, Berg-Trikot: Richard Virenque

23. Juli 1997, 17. Etappe: Fribourg – Colmar (FRA), 218,5 km, Schnitt: 44,495 km/h

Nun, den ersten deutschen Toursieg in der Geschichte des Radsports deutlich vor Augen, fiel auch dem sonst so unbeschwerten Jan Ullrich das Fahren nicht mehr ganz so leicht wie noch zu Beginn der Tour. In der Nacht zuvor hatte er sehr schlecht geschlafen. Ein leichter Schnupfen machte sich bemerkbar, die Nase war zu und die Augen von einer Entzündung gerötet. Es ging ihm rundum nicht besonders gut, was seine Konkurrenten dann am Berg auch gleich bemerkten. Später, nach der Ankunft in Paris, nannte er diese seine schwerste Etappe und schilderte es den Reportern mit eigenen Worten: *»Jeder Tag ist irgendwo schwierig, aber die Etappe nach Colmar war der schwerste... Ich würde lügen, wenn ich nicht zugeben würde, daß ich nervös geworden bin. Die Gegner sahen am ersten Berg, daß ich nicht so flüssig fuhr wie sonst...«*

Auch seine Mitstreiter vom Team Telekom erkannten den miserablen Zustand ihres Spitzenfahrers und halfen ihm nicht nur mit fahrerischen, sondern auch psychischen Leistungen, wenn diese manchmal auch ganz schön deftig ausfielen. *»Laß dich nicht hängen, du Arsch!«* fauchte Udo Bölts seinen Freund an und erreichte damit genau den gewünschten Effekt, denn Jan Ullrich kniff den besagten Körperteil zusammen und biß sich durch. Schließlich wartete seine Mutter zusammen mit mehr als hunderttausend deutschen Fans in Colmar und wollte ihren Jan auch weiter im Gelben Trikot anfeuern.

Zuerst sah es nach einem Spurt einer zwölfköpfigen Fahrergruppe in Colmar aus, doch dann gelang es dem Australier Neil Stephens, sich rund drei Kilometer vor dem Ziel davonzuschleichen. Da die anderen hinter ihm nicht so recht aufpaßten, gelang dieser Ausreißversuch und brachte den ersten australischen Etappensieg des Jahres.

Jan Ullrich erreichte die Ziellinie erst knapp vier Minuten später mit dem Hauptfeld, dessen Sprint Erik Zabel gewann. Dies war eine Prestigesache für ihn. Da auch die anderen Favoriten mit dem Hauptfeld ankamen, blieben sie zeitgleich mit Ullrich, und er behielt seinen Vorsprung in der Gesamtwertung.

Ergebnis
17. Etappe = 218,5 km, Schnitt: 44,495 km/h

Rang	Fahrer	Nat.	Team	Zeit Std
1	Neil Stephens	AUS	FES	4:54:38
2	Oskar Camenzind	SUI	MAP	
3	Viatcheslav Ekimov	RUS	USP	
4	Laurent Roux	FRA	TVM	
5	Erik Dekker	HOL	RAB	alle zeit-gleich
12	Georg Totschnig	AUT	TEL	+00:05
14	Erik Zabel	D	TEL	+03:58
31	Jan Ullrich	D	TEL	
34	Richard Virenque	FRA	FES	beide zeit-gleich

Gelbes Trikot: Jan Ullrich, Grünes Trikot: Erik Zabel, Berg-Trikot: Richard Virenque

24. Juli 1997, 18. Etappe: Colmar – Montbeliard (FRA), 175,5 km, Schnitt: 38,765 km/h

Die achtzehnte Etappe führte durch die Vogesen. Jan Ullrichs Schupfen hatte sich kaum gebessert. So war es für seine Mannschaftskameraden auch nicht weiter verwunderlich, daß er bei den leichten Anstiegen Probleme bekam. Bald hing er rund 40 Sekunden hinter dem Hauptfeld zurück. Udo Bölts hatte aber aufgepaßt und zog den Spitzenreiter wieder voran. Nach einer halben Stunde war der Anschluß zum Hauptfeld wieder hergestellt.

Vier Kilometer vor der Ziellinie setzte sich dann zur Freude der zahlreich die Strecke säumenden französischen Zuschauer ihr Landsmann Didier Rous von einer Gruppe ab, die dem Hauptfeld etwas enteilt war. Mit aller Kraft kämpfend, konnte er einen beachtlichen Vorsprung von etwas mehr als fünf Minuten herausfahren. Den letzten Kilometer legte er unter unbeschreiblichem Jubel zurück und ließ seiner Freude freien Lauf, winkend und Handküsse in die Menge werfend überquerte er die Ziellinie, und Rudi Altig klärte die TV-Zuschauer auf, daß die 18. Etappe vom Mann mit der Startnummer 18 gewonnen wurde.

Und wo war Jan Ullrich zu diesem Zeitpunkt?

Ergebnis
18. Etappe = 175,5 km, Schnitt: 38,765 km/h

Rang	Fahrer	Nat.	Team	Zeit Std
1	Neil Stephens	AUS	FES	4:54:38
2	Oskar Camenzind	SUI	MAP	
3	Viatcheslav Ekimov	RUS	USP	
4	Laurent Roux	FRA	TVM	
5	Erik Dekker	HOL	RAB	alle zeit-gleich
12	Georg Totschnig	AUT	TEL	+00:05
14	Erik Zabel	D	TEL	+03:58
31	Jan Ullrich	D	TEL	
34	Richard Virenque	FRA	FES	beide zeit-gleich

Gelbes Trikot: Jan Ullrich, Grünes Trikot: Erik Zabel, Berg-Trikot: Richard Virenque

Der Gesamtführende radelte zusammen mit dem Zweiten im Hauptfeld einher und dachte dabei an die Verteidigung seines Trikots, dabei stets seinen dichtesten Verfolger im Auge behaltend. Erik Zabel setzte sich wieder einmal beim Sprint des Hauptfeldes durch.

Nur noch drei Etappen oder 384,5 Kilometer bis zu den Champs-Élysées, das mußte doch zu schaffen sein!

25. Juli 1997, 19. Etappe: Montbeliard – Dijon (FRA), 172 km, Schnitt: 42,391 km/h

Der Freitag war zwar kein Dreizehnter, brachte aber dennoch Ärger für das Telekom-Team und zwei Fahrer sowie eine unverständliche Jury-Entscheidung.

Am Morgen vor dem Etappenstart mußte man bei Telekom entsetzt feststellen, daß der Begleitwagen aufgebrochen und das Ersatzrad von Jan Ullrich gestohlen war. Zum Glück hatte man noch ein weiteres Ersatzrad parat, sonst hätte eine Panne womöglich noch das Gelbe Trikot in Gefahr bringen können. Dann kam es im Rennverlauf zu einer Situation, die zum Eklat eskalierte: Jens Heppner vom Team Telekom und der Holländer Bart Voskamp hatten sich fast eine Minute vom Feld absetzen können, als es auf die Ziellinie in Dijon zuging. Zuerst belauerten sich die beiden wie bei einem Verfolgungsfahren in der Halle. Keiner wollte zuerst den Sprint anziehen, dann ging es aber doch los. Fast gleichzeitig traten sie in die Pedale, ebenso verließen sie beide gleichzeitig ihre eigene Ideallinie und zogen zur Straßenmitte. Dort gerieten sie aneinander. Heppner verlor fast das Gleichgewicht und lehnte sich gegen seinen Kontrahenten, um einen Sturz zu vermeiden. Dieser hielt glücklicherweise auch dagegen, weil er einige Zentimeter weiter vorne lag. Wäre Voskamp in diesem Moment zurückgewichen und leicht nach rechts gefahren, hätte es mit Sicherheit einen bösen Sturz des Deutschen gegeben. So kamen beide heil über die Ziellinie und freuten sich: Voskamp über Platz eins, Heppner über Platz zwei. Doch zu früh gefreut! Fast zwanzig Minuten lang betrachtete die Jury die TV-Bilder aus allen Perspektiven und in allen zur Verfügung stehenden Zeitlupenvarianten, dann fällten die Juroren ein Urteil, das außer ihnen nun wirklich niemand mehr verstand: Beide Fahrer wurden wegen »Spurverlassens« zurückgestuft und ans Ende der Verfolgergruppe gesetzt. Zum einen war gar nichts passiert, eine Rückstufung wäre überhaupt nicht nötig gewesen. Zum anderen hätte sich auch nach einer regelkonformen Rückstufung nichts ändern dürfen, denn die Regeln besagen, daß sie in so einem Fall »an das Ende ihrer Gruppe« zurückgestuft werden müssen. Diese Gruppe bestand aber nur aus diesen beiden Fahrern. Man hätte ihnen also auch trotz dieser sinnlosen Maßregelung durch die Jury den Sieg und zweiten Platz nicht aberkennen dürfen. Dies war nur ein weiteres Beispiel dafür, wie wenig praxisbezogen diese selbstherrlichen Herren in den Sportgremien oft entscheiden, etwas, das nicht nur für den Radsport gilt.

Doch noch ein anderer Deutscher ärgerte sich nach diesem Entscheid. Erik Zabel hatte den Sprint des Verfolgerfeldes an-, aber nicht durchgezogen, weil er der Meinung war, daß es ja doch nicht mehr um den Etappensieg ging. So überließ er Mario Traversoni diesen Spurt, nicht ahnend, daß er damit den sicheren Etappensieg verschenkte. *»Wenn ich das geahnte hätte«,* erklärte er kurz nach Rennende erregt, *»hätte ich doch durchgezogen und den Traversoni weggeputzt!«*

Glücklich waren an diesem Tag neben dem immer noch sein Gelbes Trikot verteidigenden Jan Ullrich wohl nur Traversoni und sein Team, kam doch so unerwartetes Geld für einen Etappensieg in die Mannschaftskasse.

Ergebnis
19. Etappe = 172 km, Schnitt: 42,391 km/h

Rang	Fahrer	Nat.	Team	Zeit Std
1	Mario Traversoni	ITA	MER	4:03:43
2	Francois Simon	FRA	GAN	
3	Marco Saligari	ITA	CSO	
4	Christian Henn	D	TEL	
5	Wjatscheslaw Jekimom	RUS	USP	
14	Jens Heppner	D	TEL	
35	Jan Ullrich	D	TEL	alle zeit-gleich

Gelbes Trikot: Jan Ullrich, Grünes Trikot: Erik Zabel, Berg-Tri-kot: Richard Virenque

26. Juli 1997, 20. Etappe: Euro-Disneyland (FRA), Einzelzeitfahren über 63 km

Nur noch ein kapitaler Sturz oder ein Totalausfall hätten Jan Ull-rich jetzt noch vom ersten Sieg eines deutschen Fahrers bei einer Tour de France abhalten können. Das wußten alle Beteiligten. Dennoch erklärte der Spitzenreiter immer wieder, daß die Tour für ihn erst gelaufen sei, wenn er die Ziellinie überquert habe. Mit dieser Einstellung ging er auch als letzter Teilnehmer des Einzel-zeitfahrens auf die Strecke am französischen Disneyland vor den Toren von Paris. Von Dijon war die Truppe mit dem TGV, dem französischen Gegenstück zum deutschen ICE, und per Auto bis nach Disneyland gefahren.

Da beim Einzelzeitfahren der Spannung wegen stets in umge-kehrter Reihenfolge der Gesamtwertung gestartet wird, über-raschte der Franzose Philippe Gaumont als erster Fahrer, somit Letzter der Wertung, die Konkurrenten mit einer hervorragen-

116

den Zeit, die nur vom Sieger, dem Spanier Abraham Olano, und dem Mann im Gelben Trikot unterboten werden sollte. Jan Ullrich gab noch einmal richtig Gas und errichte das Ziel mit der zweitbesten Zeit, wobei er seinen Widersacher Virenque beinahe noch eingeholt hätte. Doch dieser wehrte sich vehement gegen die zweite Überholung durch Ulrich bei einem Zeitfahren. *»Ullrich sollte mich nicht überholen, das hatte ich mir fest vorgenommen«,* erklärte er hinterher den Journalisten. Rund hundert Meter fuhr Ullrich dann hinter dem drei Minuten vor ihm gestarteten Liebling der Franzosen über die Ziellinie. Somit war sein Vorsprung nun auf 9 Minuten und 9 Sekunden angewachsen. Jetzt galt es nur noch, das Ziel in Paris irgendwie zu erreichen, und der Rostocker konnte Sportgeschichte schreiben. In der folgenden Nacht schlief Ullrich äußerst nervös. Wer wollte ihm das auch in so einer Situation verdenken?

Während Ullrich noch um Sekunden kämpfte, mußte Bjarne Riis einen neuen Rückschlag hinnehmen: Das Hinterrad seiner Rennmaschine hatte einen Defekt. Sofort war der Materialwagen zur Stelle, und ein Mechaniker wechselte ein neues Hinterrad ein. Doch als der Däne wieder losfahren wollte, trat er plötzlich ins Leere. Die Kette war wegen eines kleinen Montagefehlers, wohl durch die Hektik der Situation ausgelöst, aus der Führung gesprungen und neben dem Zahnrad gelandet. Vor den Augen der Fernsehkameras stieg Riis ab, nahm sein Rad und warf es voller Zorn im hohen Bogen neben die Fahrbahn. Diese Reaktion war bezeichnend für den Seelenzustand des Dänen während dieser Tour de France. Später, im Hotel, entschuldigte er sich für seine Entgleisung, die von allen als nur zu menschlich verstanden wurde.

Ergebnis 20. Etappe, Einzelzeitfahren über 63 km

Rang	Fahrer	Nat.	Team	Zeit Std
1	Abraham Olano	ESP	BAN	1:15:57
2	Jan Ullrich	D	TEL	+00:45
3	Philippe Gaumont	FRA	COF	+01:12
4	Bobby Julich	USA	COF	+02:24
5	Erik Dekker	HOL	RAB	+02:39
26	Udo Bölts	D	TEL	+05:13
42	Rolf Aldag	D	TEL	+06:35

Gelbes Trikot: Jan Ullrich, Grünes Trikot: Erik Zabel, Berg-Trikot: Richard Virenque

27. Juli 1997, 21. Etappe: Euro-Disneyland – Paris (FRA), 149,5 km, Ziel: Champs-Élysées

Das Feld machte sich am Sonntag, dem 27. Juli 1997, vom Euro-Disneyland auf den Weg nach Paris, um die letzten 149,5 Kilometer hinter sich zu bringen. Die Reihen hatten sich in den vergangenen drei Wochen über rund 3800 Kilometer bereits merklich gelichtet. Noch 139 Fahrer waren übrig geblieben, 59 hatten die Strapazen der »Tour der Leiden« nicht überstanden und waren ausgeschieden. Von den gestarteten Teams waren noch ganze drei in voller Besetzung dabei, darunter das Team Deutsche Telekom, das seine Gegner auf nahezu allen Etappen fest im Griff hatte. Noch vor Antritt der Tour hatte Teamchef Walter Godefroot immer wieder erklärt, daß ein Triumph wie im Vorjahr nicht gleich zu wiederholen sei, doch die Gesamtwertung strafte seine Worte Lügen. Mit Jan Ullrich in Gelb und als bester Nachwuchsfahrer sowie Erik Zabel in Grün wurde das Vorjahresergebnis erreicht, doch mit dem ersten Platz in der Mannschaftswertung konnte 1997 sogar noch eine Steigerung erzielt werden.

So eingestimmt wurde die letzte Etappe eher zur Jubel- denn zur Rennfahrt. Zahlreiche Fahrer, die seit drei Wochen gemeinsam und auch gegeneinander unterwegs waren, fanden nun auch einmal Zeit, um sich, nebeneinander fahrend, ein wenig zu unterhalten. Auch die Begleitfahrzeuge und deren Insassen wurden in diese lockere Stimmung mit einbezogen, und die TV-Zuschauer konnten live miterleben, wie auch schon das erste Gläschen Champagner aus einem Begleitwagen herausgereicht und dankbar von einem Fahrer getrunken wurde. Man sah allen Akteueren die Erleichterung an, daß die Qualen der Tour an diesem Tag ein Ende haben würden.

In und um Paris versammelte sich unterdessen fast eine Million Menschen, um den Tourhelden zuzujubeln, und Helden sind sie alle, die in drei Wochen lang fast viertausend Kilometer auf einem Fahrradsattel zurückgelegt hatten. Naturgemäß mischten sich in diesem Jahr ungewöhnlich viele deutsche Fahnen und Wimpel unter die Menschenmassen, denn alle wollten dieses geschichtliche Ereignis miterleben – den ersten Sieg eines deutschen Fahrers in der nunmehr rund 95 jährigen Geschichte dieses größten Radrennens der Welt.

Alle Beteiligten ließen in diesen geschichtsträchtigen Stunden noch einmal die vergangenen Tage Revue passieren. Was hatten die Mannen um Virenque nicht alles versucht, um dem Team Telekom das Leben schwer zu machen. Die Festina-Mannschaft hatte um jeden Zentimeter der Strecke gekämpft, und das Team Telekom konnte stets gegenhalten. Nun war es endlich soweit!

Als das Pelon dann erstmals auf die Pariser Prachtstraße einbog, wollte der Jubel der Massen kein Ende nehmen, und die Fahrer genossen es sichtlich. Wie bei einem Bahnrennen ging es jetzt noch mehrmals die Champs-Élysées hinauf und wieder hinunter. Mit einer letzten Kraftanstrengung wollte das Team Telekom zum Abschluß noch einen Etappensieg für Erik Zabel herausfahren, der aber auf der Ziellinie noch vom Italiener Nicola Minali abgefangen wurde. Doch das war letztendlich völlig egal. Jan Ullrich und die Telekom-Mannschaft waren die Tour-de-France-Sieger des Jahres 1997!

Ergebnis 21. Etappe: Eurodisneyland – Paris, Champs-Élysées (FRA) über 149,5 km.

Rang	Fahrer	Nat.	Team	Zeit Std
1	Nicola Minali	ITA	FES	3:54:36
2	Erik Zabel	D	TEL	
3	Henk Vogels	AUS	TVC	
4	Jeroen Blijlevens	HOL	TVM	
39	Jan Ullrich	D	TEL	
63	Rolf Aldag	D	TEL	
71	Bjarne Riis	D	TEL	
95	Christian Henn	D	TEL	
121	Jens Heppner	D	TEL	
128	Udo Bölts	D	TEL	
136	Torsten Schmidt	D	TEL	alle zeitgleich

Gelbes Trikot: Jan Ullrich, Grünes Trikot: Erik Zabel, Berg-Trikot: Richard Virenque

Endstand der 84. Tour de France:

Gelbes Trikot

Rang	Fahrer	Nat.	Zeit Std
1	Jan Ullrich	D	100:30:35
2	Richard Virenque	FRA	+09:09
3	Marco Pantani	ITA	+14:03
4	Abraham Olano	ESP	+15:55
5	Fernando Escartin	ESP	+20:32
6	Francesco Casagrande	ITA	+22:47
7	Bjarne Riis	DAN	+26:34
21	Udo Bölts	D	+01:09:02
34	Geor Totschnig	AUT	+01:42:49
51	Rolf Aldag	D	+02:10:36
60	Jens Heppner	D	+02:31:12
66	Erik Zabel	D	+02:41:16
84	Christian Henn	D	+03:1ß:01
118	Giovanni Lombardi	ITA	+03:45:59

Grünes Trikot (Sprintwertung)

Rang	Fahrer	Nat.	Punkte
1	Erik Zabel	D	350
2	Frederic Moncassin	FRA	223
3	Mario Traversoni	ITA	198
6	Jan Ullrich	D	154

Gepunktetes Trikot (Bergwertung)

Rang	Fahrer	Nat.	Punkte
1	Richard Virenque	FRA	579
2	Jan Ullrich	D	328
3	Francesco Casagrande	ITA	309

Mannschaftswertung

Rang	Mannschaft	Zeit/Std
1	Team Telekom	301:51:30
2	Mercatone Uno	+31:56
3	Festina	+ 47:52

Wissenswertes, Kurioses, Tragödien und Nachdenkliches zu 95 Tour-Jahren

Die Tour de France ist, nach den Olympischen Spielen und der Fußball-Weltmeisterschaft, die drittgrößte Sportveranstaltung der Welt, das sagt jedenfalls jeder Radsportinteressierte mit vor Begeisterung glänzenden Augen.

Organisiert wird die Tour alljährlich von der Société du Tour de France. Dieses eigenständige Unternehmen, in dem derzeit 45 Personen ganzjährig beschäftigt sind, ist im französischen Amaury-Konzern zusammengefaßt. Von der *Amaury Sport Organisation* (ASO) werden auch andere große Sportereignisse veranstaltet, so beispielsweise die Wüstenrallye Paris–Dakar. Diese beiden Sportveranstaltungen werden seit 1992 von der ASO durchgeführt. Der ehemalige französische Skistar Jean-Claude Killy übernahm 1992 die Leitung der *Société du Tour de France,* die sich ausschließlich mit der Organisation der Tour und anderer Radrennen beschäftigt.

Natürlich stellt man sich bei so einer sportlichen Großveranstaltung zuerst einmal die Frage, aus welchen Quellen die immensen Kosten eigentlich bezahlt werden. Etwa 55 Prozent der alljährlichen Einnahmen sind Werbe- und Sponsorengelder, doch es kann hier nicht jede Firma, die »ein paar Millionen« übrig hat, diese so einfach in den Werbetopf einbringen. Dies ist derzeit nur vier Auserwählten gestattet, um für diese Firmen auch den größtmöglichen Werbeeffekt garantieren zu können. Die vier Hauptsponsoren sind: Fiat, Coca-Cola, Champion, eine Supermarktkette, und die französische Bank Crédit Lyonnaise. Hinzu kommen die Werbeeinnahmen für die Übertragungsrechte, die für die Fernsehbilder bei den beiden französischen Sendern France 2 und France 3 liegen. Das macht etwa 30 Prozent aus.

Eine weitere Einnahmequelle, rund 15 Prozent des Gesamtetats, stellen die Tourstädte dar. Alljährlich bewerben sich etwa 90 Städte und Gemeinden um die Ehre, als Start- oder Zielort in die Rundfahrt aufgenommen zu werden. Dies bringt den Städten natürlich zusätzliche Einnahmen über die immer zahlreicher einfallenden Zuschauer, die ihr Geld in den Hotels und Restaurants lassen. Hinzu kommt ein Werbeeffekt für diese Städte, der aber nicht ganz billig ist. Mit mindestens etwa ca. 250 000 DM muß man da schon rechnen. Laut »Focus« gab beispielsweise das französische Department Côtes d'Armor in der Bretagne als Ausrichter der ersten drei Etappen für diesen Spaß rund zwei Millionen Mark aus.

Obwohl nie offizielle Zahlen veröffentlicht werden, wurde dennoch bekannt, daß die Organisatoren vor drei Jahren einen Gesamtumsatz von ca. 60 Millionen DM einfuhren. Dabei begann alles ganz bescheiden im Jahre 1903.

Im jenem legendären Jahre wurde die Tour de France von einer in Paris beheimateten Autozeitung erfunden. »L'Auto« war die Vorgängerin der heute unter dem Namen »L'Equipe« bekannten größten Sportzeitung der Welt mit Sitz in Paris. Die Fama sagt, daß die Farbauswahl für das Gelbe Trikot aufgrund des gelben Papiers so ausfiel, auf dem »L'Auto« in jenen Jahren gedruckt wurde. Im zweiten Tourjahr siegte der Franzose Henri Cornet, der zu jenem Zeitpunkt erst 20 Jahre alt war und bis heute als jüngster Toursieger aller Zeiten in den Chroniken geführt wird. War es anfänglich ein Flachrennen durch Frankreich, führte die Tourroute im Jahre 1910 erstmals über die Pyrenäen. Hier erwies sich Octave Lapize aus Frankreich als der stärkste Mann. Er war erst 21 Jahre alt und gilt auch heute noch als zweitjüngster Toursieger aller Zeiten. Das Bergfahren war mit den Rädern im ersten Jahrzehnt unseres Jahrhunderts eine recht strapaziöse Angelegenheit. 1911 ging es dann auch über die Alpen, und die ersten Bergdramen erschütterten die Radrennbegeisterten aus ganz Europa.

Eine Heldentat besonderer Art wird aus dem Jahre 1913

berichtet: Der Franzose Eugène Christophe stürmt den Tourmalet in den Pyrenäen mit einem gewaltigen Vorsprung von 18 Minuten empor. Es war der vorletzte Tourtag. Oben angekommen, macht er sich erleichtert an die Abfahrt, da schlägt das Schicksal zu; die Gabel seines Rades bricht. Das Gefährt ist nicht mehr fahrbar. In echter Manier eines Profisportlers schultert er das lädierte Rad und stürmt zu Fuß die 14 Kilometer den Berg hinab. Im nächsten Ort, Saint-Marie, sucht er eine Schmiede, nimmt den Schmiedehammer selber in die Hand – fremde Hilfe ist verboten – und repariert sein Rad. Natürlich waren inzwischen die meisten anderen Fahrer an ihm vorbeigeradelt, und er verlor die Tour, doch gewann er die Herzen seiner Landsleute und zahlreicher Rennbegeisterter. Der »Schmied von Saint-Marie«, wie ihn die internationale Presse taufte, wurde so zum Nationalhelden.

In den Jahren 1922 und 1923 war Erfahrung gefragt, wollte man Paris als erster erreichen. Es kamen mit dem Belgier Firmin Lambot (1922, 36 Jahre) und dem Franzosen Henri Pelissier (1923, 34 Jahre) die beiden ältesten Toursieger in Paris auf das Siegerpodest.

1932 gelang Kurt Stöpel der erste deutsche Etappensieg. Am Ende belegte er einen zweiten Platz in der Gesamtwertung. Dies sollte für 64 Jahre die beste Endplazierung eines deutschen Fahrers bei der Tour de France bleiben. Dennoch ging auch das Jahr 1937 als ein recht erfolgreiches in die deutsche Geschichte der Tour de France ein. Erich Bautz konnte zwei Etappensiege verbuchen, Otto Weckerling und Heinz Wengler je einen.

Der Italiener Gino Bartali, in seiner Zeit als »radelnder Mönch« bekannt, siegte 1938 als 24 jähriger Nachwuchsfahrer zur allgemeinen Freude seiner Landsleute. Die Fachleute bescheinigten ihm eine hervorragende Karriere in den kommenden Jahren, doch der beginnende Zweite Weltkrieg unterband bald die meisten sportlichen Aktivitäten auf internationaler Ebene, so auch die Tour de France.

1948, zehn Jahre nach seinem ersten Sieg und inzwischen 34

Jahre alt, gelang ihm eine zweite Siegesfahrt und entschädigte ihn so für die durch den Krieg verlorenen sportlichen Erfolge. Diese Leistung blieb bis heute unerrreicht, zumal er mit dem bis dahin in der Nachkriegszeit unerreichten Vorsprung von 26,16 Minuten in Paris über die Ziellinie fuhr. Als er im folgenden Jahr einen weiteren Versuch unternahm, die Tour für sich zu entscheiden, mußte er sich seinem einige Jahre jüngeren Landsmann Fausto Coppi, der späteren italienischen Radfahrlegende, geschlagen geben und fuhr in Paris als zweiter ein. Der Zweikampf der beiden Fahrer über die letzten Etappen hinweg wurde auch in Italien zu einem Zweikampf der Meinungen und spaltete die Nation in zwei Lager. Fausto Coppi konnte sich 1952 in den Annalen der Tour verewigen, als er mit dem bisher deutlichsten Vorsprung der Nachkriegszeit von 28,27 Minuten auf die Champs-Élysées einbiegen konnte, und wieder hatte er seinen Landsmann Gino Bartali von einem ersten Platz in den Geschichtsbüchern des Radsports verdrängen können.

Die Tour hat viele Stürze und Tragödien erlebt, doch das Jahr 1960 ruft bei vielen Fans, vor allem in Frankreich, noch heute große Trauer hervor. Der französische Fahrer Roger Riviere, der sich bereits den WM-Titel beim Stundenfahren erkämpft hatte, galt in jenem Jahr als einer der ganz großen Favoriten. Auf der Fahrt nach Avignon kam er von der Strecke ab und stürzte in eine tiefe Schlucht. Nach einer dramatischen Rettungsaktion konnte er zwar lebend geborgen werden, blieb aber für den Rest seines Lebens an den Rollstuhl gefesselt, er war querschnittsgelähmt.

Die Tour de France des Jahres 1962 fesselt erstmals auch die deutschen Radsportfans. Rudi Altig, den sie in Frankreich liebevoll den »königlichen Sprinter« nannten, konnte drei Etappen für sich entscheiden und lag am Ende in der Wertung um das Grüne Trikot auf dem ersten Platz, was in Deutschland fast wie ein Sieg gefeiert wurde. Auch die Franzosen schlossen den Deutschen in ihre Herzen, der bis 1969 acht Etappensiege und insgesamt 18 Tage im Gelben Trikot bei der Tour de France für sich verbuchen konnte.

Der große Tourheld jener Zeit aber war der Franzose Jacques Anquetil. In den Jahren 1957, 1961, 1962, 1963 und 1964 konnte er insgesamt fünf Toursiege erringen und führt die Chronik-Wertung der meisten Siege zusammen mit dem Belgier Eddy Merckx (1969 bis 1972 in Folge und 1974), dem Franzosen Bernard Hinault (1978, 1979, 1981, 1982, 1985) und dem Spanier Miguel Indurain (1991 bis 1995 in Folge) an.

Bei seinem letzten Toursieg im Jahre 1964 stellte der Zweikampf zwischen dem kühlen Anquetil und seinem Landsmann Raymond Poulidor, den alle nur »Poupou« rufen, alles bis dahin an Dramatik Dagewesene in den Schatten. Als Anquetil seinen 4-Minuten-Vorsprung in den Pyrenäen bei einem Abfahrtssturz wieder einbüßt, schreit eine ganze Nation gequält auf und ist erst erleichtert, als »Maitre Jacques«, wie er ehrfurchtsvoll genannt wurde, mit nahezu einer Minute Vorsprung in Paris unter dem Jubel der Massen über die Ziellinie fahren kann.

1967 war eines der tragischsten Tour-Jahre. Der Brite Tom

Simpson nimmt Dopingmittel ein, um so die Strapazen der mehr als 3000 Kilometer besser ertragen zu können. Die unbarmherzige Sonne brennt auf die Fahrer, als sie sich im Zentralmassiv dem nahezu baumlosen Mont Ventoux nähern. Der Brite bezahlt einen hohen Preis für sein Doping. Er rast bei der Abfahrt wie in Trance in den Tod.

Im Jahre 1969 beginnt dann die »Ära Merckx«. Der Belgier erkämpft sich seinen ersten Toursieg und kann dies auch in den folgenden drei Jahren wiederholen, wobei er 1971 seinen Sieg nur dem Pech eines anderen Fahrers zu verdanken hat. Der Spanier Luis Ocana lag in den Alpen bereits mit rund zehn Minuten vor Merckx. Es gießt in Strömen, und ein echtes Unwetter überrascht die Tourteilnehmer. In einer Kurve verliert der Spanier die Kontrolle über sein Rad und stürzt schwer. Er muß aufgeben, und der Weg für Merckx ist frei.

Im Juli 1977 steht ganz Deutschland Kopf. Ein junger Mann, Dietrich Thurau, den alle nur »Didi« nennen, kann sich erstmals in seiner noch jungen Fahrerkarriere das Gelbe Trikot des Führenden überstreifen und es 15 Etappen lang behalten. Mit jeder Etappe im heißersehnten Trikot vervielfacht sich die Menge der begeistert vor den Fernsehern oder an den Radiogeräten auf jede Meldung aus Frankreich harrenden Menschen in Deutschland. Der erste deutsche Tour-de-France-Boom ging durch unser Land. Am Ende der 16. Etappe fehlen dem sympathischen Deutschen, dem sie in Frankreich wegen seines jugendlichen Aussehens den Spitznamen »Geule d'ange« (»Engelsgesicht«) gegeben haben, nur 11 Sekunden auf den Spitzenreiter. In den Bergen ist der Sturmlauf Thuraus dann endgültig vorbei. Auf den endlosen Serpentinen verliert er mehr als 13 Minuten und erreicht das Ziel in Paris als fünfter, immer noch ein Riesenerfolg aus deutscher Sicht. Entsprechend fiel dann auch der Empfang des Tourhelden in seiner Heimat aus.

Das Folgejahr brachte den Beginn der »Ära Hinault«. Der Franzose kann bis 1985 insgesamt fünf Toursiege verbuchen. Den sechsten Sieg schnappt ihm dann ausgerechnet sein Mannschaftskamerad Greg Lemond weg und trug sich so als erster US-Amerikaner in die Siegerliste der Tour de France ein. Er kann damit aber auch noch einen zweiten Eintrag in den Rekordbüchern verzeichnen: Es ist der knappste Sieg aller Zeiten. Mit exakt 8 Sekunden Vorsprung vor dem Franzosen Laurent Fignon kann er die Ziellinie passieren. Fignon war mit 50 Sekunden Vorsprung zum abschließenden Zeitfahren angetreten, aber der Amerikaner war 58 Sekunden schneller. Eine Leistung, die zu Recht mit dem Gesamtsieg belohnt wurde, obwohl sie Millionen Franzosen in fassungslose Trauer stürzte.

Nach einer langen Durststrecke können sich 1990 auch die deutschen Fans wieder einmal freuen: In seinem ersten Tourjahr kann der Neuprofi Olaf Ludwig aus Gera auf Anhieb das Grüne Trikot erringen.

1991 fährt sich ein Mann ins Rampenlicht der Tour de France, der sie fünf Jahre lang in Folge beherrschen soll, der Spanier Miguel Indurain. Der aus dem Baskenland kommende Indurain versteht es wie kaum ein anderer, seine direkten Gegner zu entnerven. Doch auch er kann das scheinbar eherne Gesetz nicht durchbrechen, das nicht mehr als fünf Siege bei der Tour de France auf einen Fahrer vereinen will. Ob Anquetil, Merckx, Hinault oder auch Indurain, sie alle scheiterten trotz aller eigenen Bemühungen und jeder nur erdenklichen Unterstützung ihres Teams im sechsten Anlauf.

Indurain wird 1996 gar nur völlig enttäuschter Elfter, und der Telekom-Fahrer Bjarne Riis kann den ersten dänischen Toursieg verzeichnen. Jan Ullrich fährt seine erste Tour de France, wird auf Anhieb Zweiter und trägt sich als bester Newcomer nachhaltig in die Annalen der Tour ein. Sind in jenem Jahr alle Radsportbegeisterten in Deutschland glücklich über diese Plazierung und den Gewinn des Grünen Trikots durch Erik Zabel, so kennt doch der Jubel 1997 keine Grenzen, als Ullrich den ersten deutschen Sieg in der nunmehr 95 jährigen Tour-de-France-Geschichte einfahren kann. Doch das ist ja inzwischen hinreichend erwähnt worden.

Zukunftsprognosen

Nachdem direkt nach seinem Tour-Sieg in Bonn ein großer Empfang auf Jan Ullrich und die Mannschaft Telekom wartete, den er zwar sichtlich leicht gestreßt, aber stets freundlich über sich ergehen ließ, trat er mit seinen Mannschaftskollegen bereits am selben Abend im holländischen Boxmeer zu einem neuen Radrennen an, bei dem es aus der Sicht des Teams nicht so sehr um sportliche Ehren ging, sondern um rein finanzielle. Doch wer Jan kennt, der weiß, daß er immer sein Bestes gibt, wenn er zu einem Rennen antritt, und ginge es dabei nur um eine leere Coladose. So war es für die Insider auch nicht weiter verwunderlich, daß er auch bei der Flutlichtveranstaltung im holländischen Boxmeer nicht einfach nur mitfuhr, sondern die 100 Kilometer auch noch als Schnellster zurücklegte. Er siegte in einer Zeit von 2:12:34 Stunden vor dem Holländer Michael Boogerd und seinem Teamkollegen Erik Zabel.

Diese in Radsportkreisen auch als »Kirmesrennen« bezeichneten Veranstaltungen, bringen den erfolgreichen Tourfahrern zusätzliche Einnahmen und sind quasi als Extra-Siegesprämien anzusehen. Team Telekom hatte für die ersten zehn Tage nach der Tour sieben solcher Rennen geplant. Für Jan Ullrich dürften aber die dort gezahlten Beträge schon in wenigen Monaten in die Kategorie »Portokasse« zu rechnen sein, denn mit seinem Sieg auf der zehnten Etappe, als er in den Pyrenäen in einer grandiosen Einzelleistung das Gelbe Trikot erkämpfte, hat sich sein Marktwert vervielfacht. Er dürfte so in kürzester Zeit bereits Anspruch auf den inoffiziellen Titel des bestbezahlten deutschen Radsportlers aller Zeiten erheben. Denn alle möglichen Firmen wollen sich in seinem frischen Ruhm sonnen und zahlen dafür gerne siebenstellige Beträge. Auch sein Gehalt wird sich für das kommende Jahr mit Sicherheit in siebenstelliger Größenordnung bewegen. Zum Zeitpunkt seines Toursieges verdiente er als Tourzweiter des Vorjahres bereits 600 000 DM Jahresgehalt, für einen 23jährigen schon ein recht ordentliches Einkommen.

Sein Manager Wolfgang Strohband konnte sich nach Ende der Tour die Werbepartner aussuchen, die sich alle um Jan Ullrich rissen. Mehr als zwanzig große Firmen standen auf der Liste. *»Wir werden uns auf vier bis fünf Bereiche konzentrieren und gut sondieren, was auch zu Jan paßt«*, erklärte der Manager sichtlich stolz und zufrieden.

Für die Deutsche Telekom erwies Jan sich als ein Glücksgriff ganz besonderer Art. Zwar kann man in unserem Land derzeit den Bekanntheitsgrad des deutschen Telekommunikationsriesen nicht weiter steigern, er liegt ebenso wie der des Sportlers Ullrich bei 96 Prozent, doch kann man die negativen Begriffe, die viele Menschen in unserem Land mit Telekom verbinden, in andere Kanäle leiten, und dafür die positiven Eigenschaften der Telekom-Mannschaft und ihrer Stars in den Vordergrund stellen. Das kann für die kommenden Jahre ein äußerst wichtiger Aspekt in der Telekom-Werbung werden, denn der Konzern steht ab 1998 vor der größten Aufgabe seit Bestehen. Ab 1998 ist das Telefon-Monopol erloschen, und die Konkurrenten stehen bereits »Gewehr bei Fuß«. Hier kam Jans Sieg gerade zur rechten Zeit. Die Freude darüber war Konzernchef Ron Sommer und den anderen Mannen aus der Führungsetage direkt anzusehen, hatten sie doch noch vor zwei Jahren offen darüber nachgedacht, die Aufwendungen an die Telekom-Mannschaft zu streichen!

Alleine die internationale Werbezeit für das Telekom-Logo bei der Berichterstattung über die 97er Tour im Fernsehen wurde von »Sport-Bild« auf rund 28 Millionen Mark geschätzt. Das hat den Jahresetat für das Team von rund 10 Millionen Mark (geschätzt) mehr als nur ausgeglichen. Hinzu kommen noch die Einnahmen aus den rasch auf den Markt geworfenen Merchandise-Artikeln. Telefonkarten mit den Konterfeis der Helden, eine

Serie von schnurlosen Telefonen, die gleich nach Bekanntwerden ausverkauft war, Mützen, Trikots und weitere Produkte mit Radsportemblemen werden in den kommenden Jahren von seiten der Telekom, aber auch von Lizenznehmern und Aufspringern der Branche auf uns zurollen. Wie noch am Tage der Siegerehrung zu hören war, soll bald auch eine Sondermarke mit dem Konterfei der Fahrer auf den Markt kommen. So kann die Telekom auch noch die Post ein wenig unterstützen, mit der sie jahrzehntelang als Staatsunternehmen zusammengeschweißt war.

Mit Sicherheit wird aber auch die gesamte deutsche Radbranche einen großen Aufschwung nehmen. Rennräder, vor allem solche für Kinder und Jugendliche, werden verstärkt gefragt sein und jede Art von Rad- und Rennzubehör. Auch hierfür dürfen sich die Firmenbosse bei Jan Ullrich bedanken.

Und was wird sich für Jan Ullrich privat in der Zukunft ändern?

Er könnte in ein oder zwei Jahren Konkurrenz aus der eigenen Familie bekommen. Sein jüngerer Bruder Thomas, gerade 19 Jahre alt und in Heidelberg wohnhaft, ist ebenfalls ein begeisterter Radsportler. Eine Knieoperation vor vier Jahren warf ihn etwas zurück, doch mit dem gleichen starken Willen wie sein großer Bruder Jan kämpfte auch er sich durch dieses Tief und trainiert jetzt in Leimen bei Ex-Olympiasieger und Ex-Weltmeister Günther Haritz. In jeder freien Minute sitzt er auf dem Rad und jagt durch den Odenwald. So berichtet jedenfalls die meist gut informierte BZ aus Berlin. Möglicherweise gibt es noch vor der Jahrtausendwende im Radsport »die Ullrichs« wie jetzt im Formel 1-Motorsport »die Schumachers«.

Jan macht sich darüber aber derzeit noch keine Gedanken. Er wird zuerst für sich und Lebensgefährtin Gaby das Haus in Merdingen bauen, von dem er bereits während der Tour 97 gesprochen hat, und dann wird sich sein Leben grundlegend ändern, ohne daß er dies selber will. Mit dem Bekanntheitsgrad von 96 Prozent wird er kein Lokal mehr unerkannt betreten können. Sein Leben wird von den Medien bis in den letzten Winkel ausgeleuchtet werden, Paparazzi werden sich unerbittlich an seinen Schatten hängen, sein Privatleben wird, wie bei allen anderen Idolen unserer Zeit auch, das eines von den Fans und allen Medien Gehetzten werden, und irgendwann wird auch er seinen Wohnsitz ins Ausland verlegen. Sicherlich wird dies nicht nur wegen des steuerlichen Vorteils in anderen Ländern erfolgen, sondern weil er einfach mal wieder unerkannt einen Kaffee irgendwo trinken oder einkaufen gehen will. Das ist das Los aller berühmten Menschen, dem sich auch Jan Ullrich nicht entziehen kann. Und irgendwann, hoffentlich dauert es noch recht lange, wird auch er sich vom Sport zurückziehen und für möglicht viele kleine deutsche Radcracks das sportliche Idol sein, dem sie nacheifern werden. Dafür danken wir dir schon jetzt, Jan Ullrich.

Wie wird man eigentlich so einer wie Jan Ullrich?

Diese Frage stellten sich nach dem Toursieg des neuen deutschen Sportidols im Sommer 1997 zahlreiche Kinder und Jugendliche und wandten sich daraufhin hilfesuchend an ihre Eltern. Die spontanen Antworten lauteten natürlich: *»Mit Talent und Fleiß«* oder *»immer feste trainieren«*. Alles gut und schön, aber wo soll man trainieren? Wer gibt die richtigen Anleitungen? Wer erkennt mit geschultem Blick, ob ein junger Bursche, oder auch ein Mädchen, genügend Talent mitbringt? Spätestens wenn diese Fragen kommen, ist es mit dem Wissen der meisten Eltern vorbei.

Zur Hilfe nun auf den nachfolgenden Seiten einige Tips und die wichtigsten Adressen zur Anleitung.

Der erste Weg zum Radsport führt für die meisten Nachwuchscracks über den Mountainbike-Sport, der bereits seit einigen Jahren in unserem Land sowohl für Kinder als auch für Jugendliche und Erwachsene von regionalen Vereinen oder privaten Veranstaltern gefördert wird. Hierbei werden die Rennen für die Kleinsten meist als eigenständige Veranstaltungen durchgeführt, während die Rennen der »Großen« häufig in zwei Klassen eingeteilt sind: bis 18 Jahre und über 18 Jahre.

Liegen die Ambitionen aber mehr im Bereich des Straßenrennsports, sieht es in Deutschland noch nicht so rosig aus wie in den meisten Nachbarländern. Straßenradrennen für Hobbyfahrer werden bei uns kaum veranstaltet, doch man kann davon ausgehen, daß sich dies in der kommenden Zeit positiv verändern wird.

Will man in den »richtigen« Wettbewerbs-Radsport einsteigen, geht dies nur über einen Verein, der dem Bund Deutscher Radfahrer (BDR) angeschlossen ist, denn nur der BDR ist berechtigt, eine Lizenz auszuschreiben, die zur Teilnahme an einem Wettbewerb benötigt wird. Diese Lizenz, also der Rennausweis, muß vor jedem Start vorgelegt werden, erst dann bekommt man seine Startnummer ausgehändigt. Hier unterscheidet sich der Nachwuchsfahrer nicht von einem Profi wie Jan Ullrich. Auf der Lizenz sind immer die gültigen Altersklassen vermerkt und ebenso die Leistungsklassen, in die der jeweilige Teilnehmer einzustufen ist. Nur so können echte Wettbewerbe mit möglichst ähnlichen Bedingungen für alle Beteiligten ausgerichtet werden.

Nach den ersten Antworten wird nun die Frage nach den Kosten aufkommen, denn Vereine und Verbände wollen Mitgliedsbeiträge, und Lizenzen kosten ebenfalls Geld. Beim Radsport fallen aber Beiträge an, die noch in normalen Bereichen liegen und für die meisten Menschen erschwinglich sein dürften. So ergeben sich für ein Jahr dann folgende Beitragskosten:

◆ Vereinsbeitrag, je Verein unterschiedlich, zwischen 9 und 15 DM.

◆ Die BDR-Jahres-Beiträge sind nach Altersgruppen gestaffelt:

■ Erwachsene: 40 DM
■ Junioren: 27 DM
■ Jugend: 27 DM
■ Schüler: 22 DM
■ Familienmitglieder: 18 DM

Die Startgebühren im Radsport liegen meist zwischen 5 und 20 DM pro Rennen. Das liegt am jeweiligen Veranstalter. Auf diesem Sektor werden in den kommenden Monaten und Jahren immer mehr Angebote entstehen, da bin ich mir sicher. In den Rennen fahren Männer und Frauen meist getrennt, so wie bei der Tour de France, die es auch für Frauen gibt, was in der deutschen Öffentlichkeit kaum bekannt ist. Die Einteilung in Altersklassen sieht wie folgt aus:

Männer:

U 11	9–10 Jahre
U 12	11–12 Jahre
Schüler	13–14 Jahre
Jugend	15–16 Jahre
Junioren	17–18 Jahre
U 23	19–22 Jahre
Elite	28–49 Jahre
Senioren	ab 41 Jahren, ausgenommen beim Mountainbike, da beginnt die Seniorenklasse bereits ab 35 Jahren.

Frauen:

Hier gilt bis zum 18. Lebensjahr die gleiche Einteilung wie bei den Männern, dann geht es wie folgt weiter:

| Frauen | 19–40 Jahre |
| Seniorinnen | ab 41 Jahre und beim MTB ab 35 Jahre. |

Wenn Sie noch mehr über den deutschen Radsport in Erfahrung bringen und wissen wollen, wo es einen Radsportverein in Ihrer Nähe gibt, wenden Sie sich am besten direkt an den für Sie zuständigen Landesverband oder den BDR.

Die Adressen und Telefonnummern der Landesverbände:

Badischer Radsportverband

Geschäftsstelle:
Jahnstr. 98
68794 Oberhausen-Rheinhausen
Tel.: 0 72 54–7 34 76
Fax: 0 72 54–7 12 04

Bayerischer Radsportverband

Geschäftsstelle:
Postfach 50 01 20
80971 München
Georg-Brauchle-Ring 93
80992 München
Tel.: 0 89–15 70 23 71
Fax: 0 89–1 57 45 61

Berliner Radsportverband

Geschäftsstelle:
Priesterweg 4
10829 Berlin
Tel.: 0 30–7 88 11 24
Fax: 0 30–7 81 17 22

Brandenburgischer Radsportverband

Geschäftsstelle:
Spremberger Str. 125
03149 Forst
Tel.: 0 35 62–98 40 21
Fax: 0 35 62–98 40 69

Bremer Radsportverband

Wilfried Gerken
Wilhelm-Wolters-Str. 152
28309 Bremen
Tel.: 04 21–46 40 25
Fax: 04 21–45 56 71

Radsportverband Hamburg

Paul Nehring
Brummerskamp 48
22457 Hamburg
Tel. und Fax: 0 40–5 50 96 80

Hessischer Radfahrerverband

Geschäftsstelle:
Otto-Fleck-Schneise 4
60528 Frankfurt/Main
Tel.: 0 69–6 78 92 19
Fax: 0 69–6 78 92 22

Radsportverband Mecklenburg-Vorpommern

Geschäftsstelle:
Wittenburger Str. 116
19059 Schwerin
Tel. und Fax: 03 85–73 42 83

Radsportverband Niedersachsen

Geschäftsstelle:
Maschstr. 20
30169 Hannover
Tel.: 05 11–88 75 28
Fax: 05 11–80 46 86

Radsportverband Nordrhein-Westfalen

Geschäftsstelle:
Postfach 23 67
41564 Kaarst
Tel.: 0 21 31–5 15 74/5
Fax: 0 21 31–51 10 09

Radsportverband Rheinland-Pfalz

Monika Augstein
Kleestr. 20–22
67659 Kaiserslautern
Tel.: 06 31–9 64 84

Saarländischer Radfahrerbund

Landessportverband für das Saarland
Saaruferstr. 16
66117 Saarbrücken
Tel.: 06 81–5 86 03 37/3

Sächsischer Radfahrerbund

Geschäftsstelle:
Windorfer Str. 63
04229 Leipzig
Tel. und Fax: 03 41–47 04 96

Landessportverband Radsport Sachsen-Anhalt

Geschäftsstelle:
Thietmarstr. 18
39128 Magdeburg
Tel.: 03 91–42 29

Radsportverband Schleswig-Holstein

Harald Spethmann
Seefeld 2 b
23843 Bad Oldesloe
Tel.: 0 45 31–51 82

Badischer Rad- und Motorfahrerbund

Geschäftsstelle:
Ensisheimer Str. 20
79110 Freiburg/Breisgau
Tel.: 07 61–8 22 47
Fax: 07 61–8 48 31

Thüringer Radsportverband

Geschäftsstelle:
Arnstädter Hohle 1
99096 Erfurt
Tel.: 03 61–3 50 89
Fax: 03 61–3 50 89

Württembergischer Radsportverband

Geschäftsstelle:
Mercedesstr. 83
70372 Stuttgart
Tel.: 07 11–56 22 07
Fax: 07 11–56 55 71

Anhang

Die Tour-de-France-Sieger von 1903 bis 1997

Jahr	Sieger	Zweiter	Dritter
1903	Maurice Garin	Lucien Pothieri	Fernand Augerau
1904	Henri Cornet	J.B. Dortignacq	Philippe Jousselin
1905	Louis Trousselier	H. Aucouturier	J.B. Dortignacq
1906	René Pottier	Georges Passerieu	Louis Trousselier
1907	Lucien Petit-Breton	Gustave Garrigou	Emile Georget
1908	Lucien Petit-Breton	Francois Faber	Gustave Garrigou
1909	Francois Faber	Gustave Garrigou	Jean Alavoine
1910	Octave Lapize	Francois Faber	Gustave Garrigou
1911	Gustave Garrigou	Paul Duboc	Emile Georget
1912	Odile Defraye	Eugène Christophe	Gustave Garrigou
1913	Philippe Thijs	Gustave Garrigou	Marcel Buysse
1914	Philippe Thijs	Henri Pélissier	Jean Alavoine

Jahr	Sieger	Zweiter	Dritter
Von 1915 bis 1918 wurde die Tour de France wegen des Ersten Weltkrieges nicht ausgetragen.			
1919	Firmin Lambot	Jean Alavoine	Eugène Christophe
1920	Philippe Thijs	H. Heusghem	Firmin Lambot
1921	Léon Scieur	H. Heusghem	Honoré Barthélemy
1922	Firmin Lambot	Jean Alavoine	Félix Sellier
1923	Henri Pelissier	Ottavio Bottecchia	Romain Bellenger
1924	Ottavio Bottecchia	Nicolas Frantz	Lucien Buysse
1925	Ottavio Bottecchia	Lucien Buysse	Bartolomeo Aymo
1926	Lucien Buysse	Nicolas Frantz	Bartolomeo Aymo
1927	Nicolas Frantz	Maurice Dewaele	Julien Vervaecke
1928	Nicolas Frantz	André Leducq	Maurice Dewaele
1929	Maurice Dewaele	Giuseppe Pancera	Joseph Demuysere
1930	André Leducq	Learco Guerra	Antonin Magne
1931	Antonin Magne	Joseph Demusyere	Antonio Pesenti
1932	André Leducq	Kurt Stoepel	Francesco Camusso
1933	Georges Speicher	Learco Guerra	Antonin Magne

Jahr	Sieger	Zweiter	Dritter
1934	Antonin Magne	Giuseppe Martano	Roger Lapébie
1935	Romain Maes	Ambrosio Morelli	Félicien Vervaecke
1936	Sylvère Maes	Antonin Magne	Félicien Vervaecke
1937	Roger Lapébien	Mario Vicini	Leo Amberg
1938	Gino Bartali	Félicien Vervaecke	Victor Cosson
1939	Sylvère Maes	René Vietto	Lucien Vlaemynck
Als Folge des Zweiten Weltkrieges wurde in den Jahren 1940 bis 1946 keine Tour de France gefahren.			
1947	Jean Robic	E. Fachleitner	Pierre Brambilla
1948	Gino Bartali	Briek Schotte	Guy Lapébie
1949	Fausto Coppi	Gino Bartali	Jacques Marinelli
1950	Ferdi Kübler	Stan Ockers	Louison Borbet
1951	Hugo Koblet	Raphael Geminiani	Lucien Lazaridés
1952	Fausto Coppi	Stan Ockers	Bernardo Ruiz
1953	Louison Bobet	Jean Malléjac	Giancarlo Astrua
1954	Louison Bobet	Ferdi Kübler	Fritz Schaer
1955	Louison Bobet	Jean Brankart	Charly Gaul
1956	Roger Walkowiak	Gilbert Bauvin	Jan Adriaensens

Jahr	Sieger	Zweiter	Dritter
1957	Jacques Anquetil	M. Janssens	Adolf Christian
1958	Charly Gaul	Vito Favero	Raphael Geminiani
1959	F. Bahamontes	Henri Anglade	Jacques Anquetil
1960	Gastone Nencini	G. Battistini	Jan Adriaensens
1961	Jacques Anquetil	Guido Carlesi	Charly Gaul
1962	Jacques Anquetil	Jef Planckaert	Raymond Poulidor
1963	Jacques Anquetil	F. Bahamontes	José Ferez-Frances
1964	Jacques Anquetil	Raymond Poulidor	F. Bahamontes
1965	Félice Gimondi	Raymond Poulidor	Gianni Motta
1966	Lucien Aimart	Jan Janssen	Raymond Poulidor
1967	Roger Pingeon	Julio Jimenez	Franco Balmanion
1968	Jan Janssen	H. Vanspringel	Ferdinand Bracke
1969	Eddy Merckx	Roger Pingeon	
1970	Eddy Merckx	Joop Zoetemelk	Gösta Petterson
1971	Eddy Merckx	Joop Zoetemelk	Lucien van Impe
1972	Eddy Merckx	Félice Gimondi	Raymond Poulidor

Jahr	Sieger	Zweiter	Dritter
1973	Luis Ocana	B. Thévenet	José Manuel Fuente
1974	Eddy Merckx	Raymond Poulidor	V. Lopez-Carril
1975	Bernard Thévenet	Eddy Merckx	Lucien van Impe
1976	Lucien van Impe	Joop Zoetemelk	Raymond Poulidor
1977	Bernard Thévenet	Hennie Kuiper	Lucien van Impe
1978	Bernard Hinault	Joop Zoetemelk	Joaquin Agostinho
1979	Bernard Hinault	Joop Zoetemelk	Joaquin Agostinho
1980	Joop Zoetemelk	Hennie Kuiper	Raymond Martin
1981	Bernard Hinault	Lucien van Impe	Robert Alban
1982	Bernard Hinault	Joop Zoetemelk	J. van der Velde
1983	Laurent Fignon	Angel Arroyo	Peter Winnen
1984	Laurent Fignon	Bernard Hinault	Greg LeMond
1985	Bernard Hinault	Greg LeMond	Stephen Roche
1986	Greg LeMond	Bernard Hinault	Urs Zimmermann
1987	Stephen Roche	Pedro Delgado	J. Bernard
1988	Pedro Delgado	Steven Rooks	Fabio Parra
1989	Greg LeMond	Laurent Fignon	Pedro Delgado

Jahr	Sieger	Zweiter	Dritter
1990	Greg LeMond	Claudio Chiapucci	Erik Breukink
1991	Miguel Indurain	Gianni Bugno	Claudio Chiapucci
1992	Miguel Indurain	Claudio Chiapucci	Gianni Bugno
1993	Miguel Indurain	Tony Rominger	Zenson Jaskula
1994	Miguel Indurain	Piotr Ugrimov	Marco Pantani
1995	Miguel Indurain	Alex Zülle	Bjarne Riis
1996	Bjarne Riis	Jan Ullrich	Richard Virenque
1997	Jan Ullrich	Richard Virenque	Marco Pantani

Die Weltrangliste im Radsport vor der Tour 1997

Stand: 1. April 1997

Rang	Name	Land	Punkte
1	Laurent Jalabert	Frankreich	2003
2	Michele Bartoli	Italien	1801
3	Alex Zülle	Schweiz	1745
4	Bjarne Riis	Dänemark	1663
5	Johann Museeuw	Belgien	1584
6	Andrea Tafi	Italien	1320
7	Richard Virenque	Frankreich	1196
8	Pawel Tonkow	Rußland	1188
9	Andrej Tschmil	Ukraine	1156
10	Abraham Olano	Spanien	1148
11	Christopher Boardman	Großbritannien	1126
12	Tony Rominger	Schweiz	1093
13	Wjatscheslaw Jekimow	Rußland	1090
14	Erik Zabel	Deutschland	1059
15	Rolf Sörensen	Dänemark	1030
16	Francesco Casagrande	Italien	1020
17	Alberto Elli	Italien	1003
18	Mauro Gianetti	Schweiz	985
19	Laurent Dufaux	Schweiz	975
20	Andrea Ferrigato	Italien	933
21	Jan Ullrich	Deutschland	923

Die Trikots und ihre Bedeutung

Die begehrtesten Trikots

LE TOUR DE FRANCE 97

Gelbes Trikot
- Getragen vom Spitzenreiter des Gesamtklassements

Quelle: Tour de France

© KRT/BULLS

Grünes Trikot
- Getragen vom Spitzenreiter in der Punktwertung (vergeben bei Spurts und den Endspurts der Etappen)

Gepunktetes Trikot
- Getragen vom Spitzenreiter in der Bergwertung (Punkte werden an die Ersten auf dem Gipfel bestimmter Berge vergeben)

Gelbes Trikot

Es ist das wohl berühmteste Trikot der Welt, das Gelbe Trikot der Tour de France, und jeder Teilnehmer träumt sicherlich davon, es einmal überstreifen zu dürfen. Erstmals bekam es der Rennfahrer Eugène Christoph am 19. Juli 1919 von Tourbegründer und Rennleiter Henri Desgrange ausgehändigt. Eingeführt wurde das Trikot für den jeweiligen Spitzenreiter der Tour, um ihn für die Zuschauer, die Offiziellen, die Fahrer und die Presse leichter erkennbar zu machen. So war es nur logisch, daß es keiner Mannschaft erlaubt war, in einem gelben Trikot anzutreten. Liegt der jeweilige Spitzenreiter auch in einer anderen Wertung vorne, so muß er dennoch das Gelbe Trikot überstreifen, besser gesagt: Er darf es überstreifen.

Grünes Trikot

Dieses Tourtrikot wird dem jeweils besten Sprinter übergestreift. Bester Sprinter ist, wer die meisten der für Sprintetappen vergebenen Punkte erringt. Die zur Bewertung anstehenden Etappen unterscheiden sich wie folgt:

Bei Flachetappen erhalten die ersten 25 Fahrer folgende Punkte: 35, 30, 26, 24, 22, 20 und dann jeweils einen Punkt weniger.

Für flache bis bergige Etappen gibt es für die ersten 20 Fahrer: 25, 22, 20, 18, 16 und dann jeweils einen Punkt weniger.

Bei Bergetappen gibt es für die ersten 15 Fahrer: 20, 17, 15, 13, 12, 10 und dann jeweils einen Punkt weniger.

Es gibt auch reine Zeitfahr-Etappen, bei denen erhalten die ersten zehn Fahrer: 15, 12, 10, 8, 6, 5, 4, 3, 2, 1 Punkte.

Außerdem werden bestimmte Sprintwertungen festgelegt, bei denen die jeweils ersten drei Fahrer 6, 4 und 2 Punkte erhalten.

Weißes Trikot mit roten Punkten

Das gepunktete Trikot zeichnet den besten Bergfahrer aus. Hierzu werden Punkte auf den unterschiedlichen Bergkuppen vergeben. Die Berge sind, je nach Steigung, in unterschiedliche Schwierigkeitsgrade eingeteilt.

Am schwersten zu fahren sind die Berge der sog. »Hors Categorie« (Höchste Kategorie). Hier erhalten die ersten 15 Fahrer 40, 35, 30, 26, 22, 18, 16, 14 und dann je einen Punkt weniger.

Es folgen die Berge der 1. Kategorie. Hier gibt es für die ersten zwölf Fahrer: 30, 26, 22, 18, 14, 12, 10 und dann jeweils 1 Punkt weniger.

Berge der 2. Kategorie bringen für die ersten zehn Fahrer: 20, 15, 12, 10, 8, 6, 4, 3, 2, 1 Punkte.

Bei Bergen der 3. Kategorie gibt es für die ersten fünf Fahrer: 10, 7, 5, 3, 1 Punkte.

Und die Berge der 4. Kategorie bescheren den ersten drei Fahrern: 5, 3, 1 Punkte.

Die besten Nachwuchsfahrer

Außer den durch farbige Trikots gekennzeichneten Fahrer-Wertungen für die Besten im Gesamtklassement, beim Sprint und am Berg gibt es seit 1975 auch die Wertung für den besten jüngsten Fahrer. In den vergangenen zehn Jahren hießen die Sieger dieser Wertung:

Jahr	Name	Land
1987	Raul Alcala	Mexiko
1988	Erik Breukink	Holland
1989	Fabrice Philipot	Frankreich
1990	Gilles Delion	Frankreich
1991	Alvaro Meija	Kolumbien
1992	Eddy Bouwmans	Holland
1993	Antonio Martin	Spanien
1994	Marco Pantani	Italien
1996	Jan Ullrich	Deutschland

Die Geldprämien

Insgesamt werden rund 4 Millionen Mark an Prämien ausgeschüttet. Bei den Teams gehen diese Prämien in einen gemeinsamen Topf, aus dem auch anfallende Steuern und Strafen bezahlt werden. Aus dem Topf erhalten auch Betreuer und Helfer bestimmte Anteile. Die Prämienverteilung sieht wie folgt aus:

Gesamtsieger	750 000 DM
Zweiter	700 000 DM
Dritter	200 000 DM
Grünes Trikot	50 000 DM
Gepunktetes Trikot	50 000 DM
Beste Mannschaft	66 000 DM

Aktivster Fahrer	33 000 DM
Bester Nachwuchsfahrer	56 000 DM
Etappensieg	16 800 DM
Prolog–Sieg	7 100 DM
Gelbes Trikot je Tag	650 DM
Grünes Trikot je Tag	650 DM

Die deutschen Etappensieger bei der Tour de France

1932	Kurt Stöpel	1
1937	Erich Bautz	2
1937	Otto Weckerling	1
1937	Heinz Wengler	1
1938	Otto Weckerling	1
1938	Willi Oberbeck	1
1962	Rudi Altig	3
1964	Rudi Altig	1
1966	Rudi Altig	3
1966	K.-H. Kunde	1
1967	Rolf Wolfshohl	1
1969	Rudi Altig	1
1970	Rolf Wolfshohl	1
1977	Dietrich Thurau	15
1977	Klaus-Peter Thaler	1
1978	Klaus-Peter Thaler	1
1979	Dietrich Thurau	1
1981	Klaus-Peter Thaler	1
1987	Rolf Gölz	1

1988	Rolf Gölz	1
1990	Olaf Ludwig	2
1992	Olaf Ludwig	1
1993	Olaf Ludwig	1
1995	Erik Zabel	2
1996	Erik Zabel	2
1996	Jan Ullrich	1
1997	Erik Zabel	3
1997	Jan Ullrich	2

Deutsche Fahrer im Gelben Trikot

1932	Kurt Stöpel	2
1937	Erich Bautz	3
1938	Willy Oberbeck	1
1962	Rudi Altig	1
1964	Rudi Altig	3
1966	Rudi Altig	9
1966	K.-H. Kunde	4
1968	Rolf Wolfshohl	2
1969	Rudi Altig	2
1977	Dietrich Thurau	15
1978	Klaus-Peter Thaler	2
1997	Jan Ullrich	12

Deutsche Gewinner des Grünen Trikots

1962	Rudi Altig
1990	Olaf Ludwig
1996	Erik Zabel
1997	Erik Zabel

Beste deutsche Plazierungen bei der Tour de France

1997	Jan Ullrich	1. Platz
1932	Kurt Stöpel	2. Platz
1996	Jan Ullrich	2. Platz
1960	Hans Junkermann	4. Platz
1961	Hans Junkermann	5. Platz
1968	Rolf Wolfshohl	6. Platz

ECON SACHBUCH

Peter Grunert
Die Schumachers
Die Erfolgsstory der
schnellsten Brüder der Welt
160 Seiten mit
Abbildungen
TB 26408-7
Originalausgabe

Michael Schumacher, der
weltbeste Rennfahrer, hat
Konkurrenz bekommen –
ausgerechnet aus der eigenen Familie. Nun startet
Bruder Ralf seine große
Karriere. Peter Grunert, ein
ausgewiesener Motorsport-
experte, erzählt alles über
die beiden außergewöhnli-
chen Brüder

ECON TASCHENBÜCHER

ECON

Peter Grunert
Heinz-Harald Frentzen
Der Profi
160 Seiten mit
Abbildungen
TB 26411-7
Originalausgabe

In der Formel 1 wird es
diese Saison so richtig
spannend: Heinz-Harald
Frentzen greift an. Nach
seinem Wechsel von Sauber
zu Williams mischt der
Mönchengladbacher im
Kampf um den Weltmei-
stertitel kräftig mit.

Angela Schöneck
Tina Turner
Queen of Rock
144 Seiten, 8 Farbtafeln
TB 12018

In den Siebzigern ist Tina Turner mit der »Ike-und-Tina-Turner-Revue« bekannt geworden. Zu Weltruhm kam sie allerdings erst als Solokünstlerin. Dem steilen Aufstieg folgte eine schwere Krise, doch in den Achtzigern gelang der Rockröhre ein legendäres Comeback: Ihre LP »Private Dancer« verkaufte sich allein in den USA über fünfmillionenmal, und ihre Tour »Break Every Rule« brach alle Zuschauerrekorde. Mit ihrer aktuellen CD »Wildest Dreams« sowie der gleichnamigen Tournee zeigt die »Queen of Rock« erneut, daß sie noch lange nicht aus der aktuellen Musikszene wegzudenken ist.

S. Niederwieser / A. Forman
Peter Maffay
Der Rocker mit Gefühl
144 Seiten, 8 Farbtafeln
TB 12010

Peter Maffay ist ein Phänomen. Der Musiker, der seine Karriere einst mit dem gefühlvollen Lied »Du« begann, hat alle Kritiker Lügen gestraft. Seine neue CD »Sechsundneunzig«, die kometenhaft die Spitze der Charts eroberte, beweist wieder einmal: Maffay ist ein echter Vollblut-Rocker.

ECON TASCHENBÜCHER

ECON